Mecklenburgische Schweiz

Streifzüge
durch eine Landschaft

Mit aktuellen Reiseinformationen

von
Norbert Dust

Fotos von
Horst Steffen

EDITION TEMMEN

Die Deutsche Bibliothek – CIP-Einheitsaufnahme
Dust, Norbert: Mecklenburgische Schweiz : Streifzüge durch eine Landschaft ;
mit aktuellen Reiseinformationen / von Norbert Dust.
Fotos von Horst Steffen. – Bremen : Ed. Temmen, 1996
ISBN 3-86108-410-4
NE: Steffen, Horst [Ill.]

Zweite erweiterte und aktualisierte Auflage 1998

Bildnachweis:

René Legrand: S. 8, 13, 20, 28, 35, 39, 47, 55;
Bernd Lasdin: S. 42, 80, 154;
Archiv Kunz (Teterow): S. 21;
Archiv Kullick (Malchin): S. 36, 37;
Archiv Wessel (Hamburg): S. 92, 94, 95, 106;
Schlösser: »Fährmann, hol öwer!«, Greifswald 1994: S. 119, 120;
Verlagsarchiv: Frontispiz, S. 16, 30, 48–49, 96–97
Umschlagfoto: Bernd Lasdin
Alle übrigen Fotos: Horst Steffen

28209 Bremen
Hohenlohestsr. 21
Tel. 0421-34843-0
Fax 0421-348094

18059 Rostock
Platz der Freundschaft 1
Tel. 0381-4019723
Fax 0381-4019729

Herstellung: Edition Temmen
ISBN 3-86108-410-4

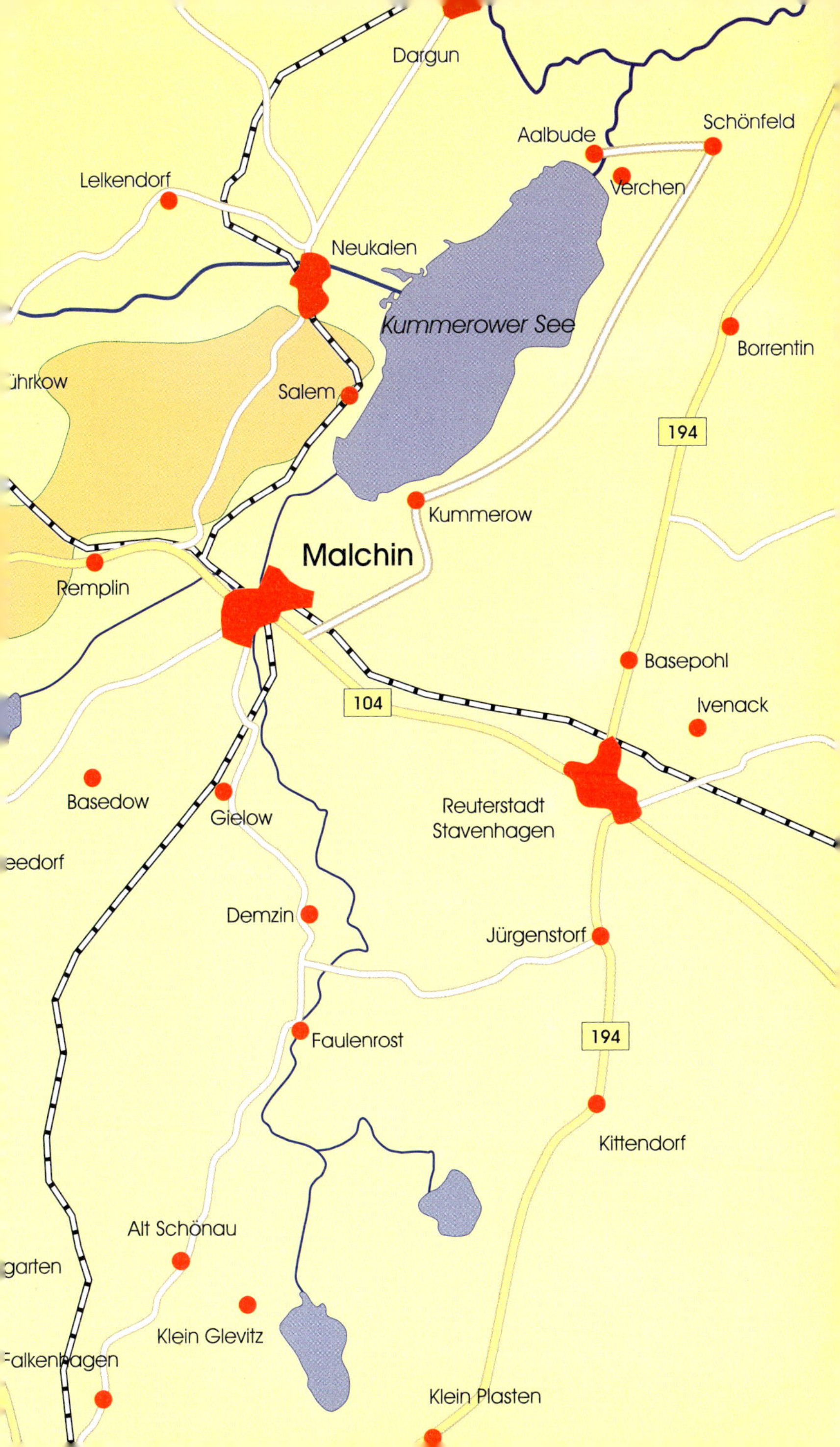
Dargun
Schönfeld
Aalbude
Verchen
Lelkendorf
Neukalen
Kummerower See
Borrentin
ührkow
Salem
194
Kummerow
Malchin
Remplin
Basepohl
Ivenack
104
Basedow
Gielow
Reuterstadt Stavenhagen
eedorf
Demzin
Jürgenstorf
Faulenrost
194
Kittendorf
Alt Schönau
garten
Klein Glevitz
Falkenhagen
Klein Plasten

SCHLOSS - BASEDOW

DIE BURG ULRICHSHUSEN

Inhalt

Noch eine Schweiz?

Diesen Ausruf, in den auch fast immer eine Fragestellung eingeschlossen ist, kennen die Bewohner der Mecklenburgischen Schweiz zur Genüge. In den letzten Jahren hört man ihn sogar immer häufiger. »Das kann dort oben doch keine Schweiz sein, im Flachland, an der Ostsee!« – Wenn man dabei an das Land der Eidgenossen denkt, dann ist das sicher zutreffend. Aber es gibt doch nicht nur eine Schweiz alpiner Prägung, es gibt doch auch, und alle Karten verzeichnen sie, die »Sächsische« und die »Holsteinische«, die »Märkische« und die »Fränkische Schweiz«, warum also nicht auch eine »Mecklenburgische«? »Und die Schweizen werden immer kleiner«, soll einst ein berühmter Mann gesagt haben. Ist denn Größe das wichtigste Kriterium einer Landschaft? – »Aber die Berge, die die Bezeichnung ›Schweiz‹ rechtfertigen, fehlen doch!« – Das stimmt, denn hier in Mecklenburg gibt es eigentlich nur Hügel.
Aber trotzdem konnten sich die Politiker, die eine offizielle Namensänderung in »Hügelland« anstrebten, nicht durchsetzen. Die Mecklenburger und die Besucher bleiben bei »Schweiz«, und auch heute noch schaut man augenzwinkernd auf die Ur-Schweiz, denn ein neuer Wegweiser auf dem Röthelberg bei Burg Schlitz gibt die Richtung und Entfernung an: »Schweiz 832 km«.
Den »echten« Schweizern stellt sich die Situation so dar: Es gibt 187 Gebiete, Regionen, Landschaften, Höhenzüge und Täler, die diesen Namen tragen. Den größten Anteil daran hat Deutschland mit 61! Aber auch Frankreich mit 7, Polen mit 6, Österreich mit 5 und in Übersee die USA mit 11 können sich sehen lassen. Die entfernteste – 18.536 km – liegt in Neuseeland, die nächste – 310 km – in Luxemburg. Die meisten haben Ähnlichkeit zu einer Schweizer Landschaft. »In den meisten Fällen … ist es ein besonders schöner Flecken Erde, und das schmeichelt unserem Land«, so die Schweizerische Verkehrszentrale SVZ im September 1992. Dort entstand die Idee, Gesteinsbrocken aus vielen »Schweizen« der Welt sollten zu einem Symbol der Begegnung zusammengefügt werden. 44 »Schweizen« aus 32 Ländern aller Erdteile – darunter unsere Mecklenburgische Schweiz – folgten dem Aufruf und sandten Steine, die vor dem Bundeshaus in Bern in fünf Haufen, jeder einen Kontinent darstellend, auf einer weißen Kiesfläche errichtet wurden. Zum offiziellen Beweis des »Vollzuges« erhielten die so verbundenen »Schweizen« eine Urkunde und den Wegweiser, wie er seither auf dem Röthelberg die Richtung zur »Ur-Schweiz« zeigt.
Wenn es also weder die Größenverhältnisse noch Berge sind, die die Anziehungskraft ausmachen, was rechtfertigt dann die Bezeichnung »Schweiz«? Die Vielfalt der Landschaftsformen und deren Schönheit: Höhen und Seen,

Felder und Wälder, Moore und Flüsse, von denen die Peene allein vier Arme hat, von den »Ärmchen« gar nicht zu reden. Und noch etwas gibt es, was man nicht übersehen darf: Im atlantisch beeinflußten Klima der Mecklenburgischen Schweiz hat sich eine artenreiche Tier- und Pflanzenwelt erhalten: Rotbuche, Ahorn, Linde und Eiche; vielerlei Raritäten der Bodenflora bis zur Orchidee. Im Wasser tummeln sich allerlei Fische vom Aal bis zum Zander. Eine erstaunlich vielfältige Vogelwelt belebt die buchtenreichen Seen; Zugvögel, wie Gänse, Schwäne und Störche, aber auch Habichte, Mäusebussarde und Fischadler gibt es hier.
Dieses alles verdankt die Region, die zur geologischen Großlandschaft des Norddeutschen Flachlandes gehört, den eiszeitlichen Ablagerungen in der jüngsten Zeit des Quartär. Durch die Klimaveränderungen dieses erdgeschichtlichen Zeitalters kam es zu einem gewaltigen Gletschervorstoß aus dem Norden, einem Stillstand mit entsprechenden Ablagerungen und Oberflächenbildungen. Schwankungen in der späteren Erderwärmung führten zum Rückgang der Gletschermassen mit mehreren langen Pausen und weiteren Schürfungen und Aufwürfen.
Der Teterower Studienrat Dr. Gerhard Böhmer war es u.a., der sich Ende der zwanziger Jahre mit diesem Problem befaßte. Nach ihm ist

»[...] die Mecklenburgische Schweiz eine außerhalb der Seenplatte gelegene Landschaft, welche die Endmoräne zwischen ***Serrahn*** *(am Krakower See) und Groß* ***Gievitz*** *(bei Waren) als Basis hat und der sie nach Osten vorgeschoben ist. Ihre auffällige Gliederung ergibt sich durch die von Osten vordringenden Talbecken des* ***Kummerower*** *und des* ***Malchiner Sees*** *einerseits und des* ***Teterower Sees*** *andererseits. Als Nordgrenze wird der Höhenabfall zwischen* ***Jördenstorf*** *und* ***Schlieffenberg*** *angesehen, als Südgrenze die* ***Ostpeene*** *(von* ***Gievitz*** *bis zum Kummerower See). Innerhalb dieser Begrenzungen ist der einzige naturgegebene Teil der Höhenzug, der sich zwischen den beiden Zungenbecken bis in das* ***Land Hardt*** *vor* ***Neukalen*** *hinzieht.«*

Ihre geographischen Grenzen sind keine politischen, ausgenommen die Ostgrenze, die von der durch den Kummerower See fließenden Peene markiert wurde, und bis 1945 Mecklenburg und Preußen (Provinz Pommern) trennte. Seitdem aber Mecklenburg und Vorpommern ein Land bilden, gehört ein wesentlich größeres Gebiet zu diesem Landstrich. Die Definition, derzufolge die Mecklenburgische Schweiz zwischen Güstrow und Neubrandenburg, zwischen Demmin und Waren liegt, trifft nicht ganz zu, denn keine der vier genannten Städte gehört zu ihr.
Ihre Namensgebung erfolgte vor vielen Jahrzehnten in ihrem geographischen Mittelpunkt, in Burg Schlitz, eine gute Meile südlich von Teterow an der Chaussee nach Waren gelegen. Es ist nicht sicher, bei welchem Bauabschnitt dieser Begriff zum ersten Male gefallen ist (Westtrakt 1812–16,

Ostabschnitt 1816–19, Mittelteil 1818–20). Es ist auch nicht so wichtig, wer diesen Namen geprägt hat, Graf Schlitz selbst oder sein Gönner und Freund, der Erbprinz Georg von Strelitz. Der Name war gefallen und wurde angenommen. Im 19. Jahrhundert war es nicht nur Mode geworden, deutschen Landschaften und Gegenden den Beinamen »Schweiz« zu geben, dahinter verbarg sich auch eine patriotische Haltung der deutschen Romantiker. Immerhin hatte auch der Nationaldichter Schiller die Schweiz und ihren Freiheitshelden Wilhelm Tell gewählt als Beispiel und Vorbild für einen deutschen Befreiungskrieg.

Vielerorts hat die Geschichte in diesem Landesteil ihre Spuren hinterlassen: Hünen-, Hügel- und Großsteingräber aus germanischer Vorzeit; Burgwälle und Schlachtfelder aus wendischer Zeit; Klöster, Kirchen und Ruinen aus der Zeit der Kolonisation; Burgruinen, Stadtmauern und Tore aus dem frühen Mittelalter; Kirchenruinen und verschüttete Dorfstätten aus dem Dreißigjährigen Krieg; Orte von Gefechtshandlungen aus den Kriegen des 18. Jahrhunderts und aus dem 19. Jahrhundert zahlreiche Denkmäler und Rathäuser, Fabriken, aber auch Trümmer.

Und überall findet man die stillen Zeugen: Mühlen und Schlösser, aber auch Katen. An solchen Stätten und in den Büchern und Dichtungen des bedeutendsten mecklenburgischen Schriftstellers und Heimatdichters Fritz Reuter, der aus genau dieser Ecke des Landes stammt, leben die Vorfahren weiter; die namenlosen und die bekannten. Es sind vor allem Landwirte (wie die Familien von Thünen und Pogge), aber auch Soldaten (wie Blücher), Maler und Erfinder (wie Prof. Greve und Siegfried Marcus), die noch heute an ihren Wirkungsstätten gewürdigt werden.

Die meisten von ihnen sind nicht ohne Kenntnisse des Plattdeutschen zu verstehen. Eine kleine Kostprobe für das Mecklenburger Platt soll die erste Strophe des Reuterschen Gedichtes (Riemel) »Ich weit einen Eikbom« geben, das fast zur niederdeutschen Hymne geworden ist:

»Ich weit einen Eikbom,
de steiht an de See,
de Nurdstorm,
de brust in sin Knäst,
stolz reckt hei de mächtige Kron in de Höh:
so is dat all dusend Johr west:
kein Minschenhand,
de hett em plant't:
hei reckt sick
von Pommern bet Nedderland.«

Auf Hochdeutsch heißt dies:

»Ich weiß eine Eiche, die an der See steht, der Nordsturm braust in ihre Äste. Stolz reckt sie die mächtige Krone in die Höh, was nun schon tausend Jahre währt. Keines Menschen Hand hat sie gepflanzt: sie streckt sich von Pommern bis Niederland.«

In diesem Buch werden kurze Auszüge im plattdeutschen Original zitiert, längere aber hochdeutsch wiedergegeben. Allerdings beschrieb Reuter selbst die Schwierigkeiten einer Übertragung ins Hochdeutsche:
»Eine ganz wörtliche Übersetzung würde [...] dem hochdeutschen Leser höchst ledern vorkommen, bei einer freieren Übertragung würde die Naivität [...], die in der plattdeutschen Sprache liegt, vollständig verlorengehen ...«
Dieses Reisehandbuch wird durch die beiden Zentren Teterow und Malchin und auf acht Routen durch die Mecklenburgische Schweiz führen, um »Land und Leute« vorzustellen. Vor einer Reise durch die Region sagte Fritz Reuter vor ungefähr 180 Jahren:

»Die Karte des Kammerkommissionärs Engel aus Dargun nehmen wir der Orientierung wegen mit – und ein paar Flaschen Rotspon (diese Rotweinsorte, Reuters Lieblingswein, ist auch in einigen Geschäften der Region zu finden) ›vor den Durst‹«.

Heute empfiehlt es sich, die Kompaß-Wanderkarte Nr. 1008 »Mecklenburgische Schweiz« mitzuführen. Sie zeigt etwa das Gebiet, das sich als vierter Naturpark des Landes Mecklenburg-Vorpommern unter dem Namen »Mecklenburgische Schweiz und Kummerower See« seit dem 12. Mai 1997 darbietet.
Und jetzt wünschen die Autoren: Gaude Fohrt un väl Spaß!

Rechte Seite: Teterow

Teterow –
Stadt im Herzen Mecklenburgs

TETEROW

Keines der beiden Zentren in der Mecklenburgischen Schweiz hatte die Ehre, am 1. Januar 1995 die landesweiten Feierlichkeiten zum 1000jährigen Bestehen Mecklenburgs zu eröffnen. Das blieb der Reuterstadt Stavenhagen mit der ältesten Glocke der Landes (aus Kittendorf) vorbehalten.
Die Teterower begnügten sich mit ein paar »Riemels«, der Enthüllung von Plastiken an ihrem traditionsreichen **Rostocker Tor** und damit, den Mittelpunkt des Landes Mecklenburg-Vorpommern auf ihrem Markt zu markieren. Die Teterower bezeichnen die Markierung volkstümlich als »Dettmanns Deckel«. Warum, das erklärt die Inschrift:

Teterow, geographischer Mittelpunkt von Mecklenburg-Vorpommern, gestiftet von Bgm. Dr. R. Dettmann

Hätten sich Mecklenburg und Vorpommern nicht zusammengetan, läge der Mittelpunkt weiter im Westen des Landes.
Die Stadt träfe das weniger. Sie lag nie am Rande, sondern immer in Mecklenburg, wenn auch nicht »mitten drin«, wie es jetzt der Fall ist. Die Einwohner waren auch nie »Kirchturmpolitiker«. Davor bewahrte sie schon der weite Blick vom »Gralsberg« in den Heidbergen. Und als sie 1927 auf seinem Gipfel ein Ehrenmal mit einer Aussichtsplattform errichteten, schauten sie nicht nur bis an die Grenzen der Mecklenburgischen Schweiz, sondern im Osten sogar über den Kummerower See hinaus bis weit nach Vorpommern hinein.
Aber auch vom **Markt** aus bietet sich eine Aussicht wie in kaum einer anderen Stadt des Nordens: ringsum bewaldete Höhenzüge oder einzelne Erhebungen, wie sie typisch sind für die Mecklenburgische Schweiz.

Auf dem Marktplatz erhebt sich die Kirche, davor das **Rathaus**, daneben ein Brunnen. Jedes dieser Bauwerke hat seine Geschichte, angefangen mit dem **Hechtbrunnen**, der so heißt, weil hier ein kapitaler Fisch von einem kleinen Jungen getragen und gehalten wird. Endlich haben die Teterower *den* Hecht wieder, den sie der Sage nach vor Zeiten zu früh vor einem großen Fest gefangen und darum zum Frischhalten gleich wieder in den See gesetzt hatten – mit einer Glocke um den Hals, damit er ihnen läute, wo er sich befindet.
Lange, sehr lange mußten sie suchen, 1914 war es dann so weit, daß sie ihn wieder einfingen. Damals waren sie es endgültig leid, immer wieder von den Nachbarn – den Malchinern, den Güstrowern, den Warenschen (die auch Fische zu fangen verstanden) – geneckt und verspottet zu werden: »Na, hefft ji em all wedder?« (»Na, habt Ihr ihn schon wieder?«)

Der Hechtbrunnen

Nun konnten sie antworten und in Stein gemeißelt vorzeigen: »Dei Häkt is fat't!«

Gestaltet wurde der Brunnen von Professor Wilhelm Wandschneider (1866–1942), Ehrenbürger seiner Heimatstadt Plau. Zwei weitere seiner der Heimat verbundenen Werke kann man von hier aus schnell erreichen: den Brinckman-Brunnen (Voß un Swinegel) in Güstrow und das Fritz-Reuter-Denkmal in Stavenhagen.

Vor dem Hechtbrunnen gab es hier auf dem Markt auch schon einen Brunnen, im Südosten. Der hatte allerdings keine symbolische Bedeutung, sondern mehr die Funktion eines Wasserspenders, einer mittelalterlichen »Tankstelle« für Mensch und Tier, denn auf dem Markt war wöchentlich Viehauftrieb und -verkauf. Allerdings war der alte Brunnen gefährlich, da er – sehr hoch gelegen – auch sehr tief war: Niemand wußte die Tiefe genau, bis der hohe Rat beschloß, sie zu erkunden. Der gesamte Magistrat mit dem Bürgermeister an der Spitze war zu dieser Reise ins Unbekannte bereit. Der einstimmig beschlossene Plan wurde ausgeführt, zum Teil wenigstens: Der Bürgermeister als erster hielt sich am Brunnenrand fest, mit den Beinen nach unten baumelnd. Der erste Ratsherr kletterte an ihm hinunter und blieb dort – Hände an den Füßen – hängen. Ihm folgte der zweite, der dritte, [...] beim sechsten wohl rief der höchste Repräsentant der Stadt: »Holt juch gaud fast, ick möt mi eis in dei Hänn' spucken.«

Aber zurück zum neuen Brunnen und zum neuen Rathaus, das 1910 entstanden ist. Das alte Haus war nicht wie das Malchiner durch einen Brand zerstört worden, es genügte räumlich nicht mehr den Anforderungen der Stadt, die sich in der Kaiserzeit tüchtig entwickelte. Dieses Gebäude nimmt den Platz des alten Rathauses und zweier ehemaliger Wohnhäuser rechts davon ein. Es hat sich bis heute kaum verändert.

Heute treibt hier keiner seinen Spott mehr – »Spijök« sagt man in diesem Landstrich –, wie weiland der wandernde Handwerksbursche, der über das Rathaus springen wollte, über das alte natürlich. Der Markt war voller Neugieriger. Nach langwierigen Vorbereitungen rief der Angeber unter Grinsen: »Ich wull, äwer ick kann nich!«

Das Teterower Rathaus

Heute wehen hier zwei Fahnen: Die blau-gelb-rote ist die mecklenburgische. Die andere ist die Teterower, und keiner vermag zu sagen, was die Farben blau-gelb-grün bedeuten mögen. Doch gibt es eine neuere Deutung, natürlich eine typische Teterower Geschichte:
Einer der vielen Vorgänger des heutigen Bürgermeisters zermarterte sich das Hirn, wie er die Anfrage der herzoglichen Kammer zu Schwerin nach den Farben seiner Stadt beantworten sollte. Da kam, es war gerade Dienstbeginn, der Stadtschreiber mit mächtig verbeultem Gesicht herein. Was war geschehen? Er hatte sich abends vor dem Malchiner Tor in der Kneipe, die damals »Zum schwarzen Hacken« hieß, mit ein paar Malchiner Fuhrknechten in die Zeche begeben, hatte getrunken, Karten gespielt und, des

Auf dem Schulkamp

Schreibens kundig, auch Buch geführt. Dabei hatte er wohl ein bißchen »corriger la fortune« gemacht, war erwischt und jämmerlich verprügelt worden. Ergebnis: Sein Gesicht zeigte die »Kalüren« blau-gelb-grün. So kam der Bürgermeister zu seiner Antwort und die Stadt zu ihren Farben.

Das älteste Bauwerk ist die St. Peter-Pauls-Kirche. Mit ihrem Bau wurde zwischen 1225 und 1250 begonnen. Ihre ältesten Teile sind die Sakristei auf der Nordseite und der Altarraum. Beide sind spätromanisch. Das Langhaus und der Turm, bis etwa 1450 erbaut, sind gotisch. Der Turm ist fast 40 m hoch, in ihm hängen drei Gußstahlglocken.

Vom Inneren der Kirche wird mancher Besucher überrascht, der nichts Besonderes entdecken zu können meint, denn es finden sich wertvolle und schöne Ausstattungsstücke. Besonders hervorzuheben sind der vierflügelige spätgotische Schnitzaltar mit seinen beeindruckenden Figuren (Mitte 15. Jh.) und die Deckenmalereien im Altarraum (entstanden wohl 1350, freigelegt 1878).

Ferner beeindrucken im Innern Gedenktafeln mit einer endlos scheinenden Anzahl von Namen der im Ersten Weltkrieg Gefallenen. Neu ist die eiserne Platte, die aus einem Panzerfahrzeug gefertigt wurde. Auch in dieser Kirche fanden 1989 nach Beschluß des Kirchgemeinderates Friedensgebete statt, die Teil der Bewegung wurden, die wie an anderen Orten im Lande zur politischen Wende führte.

Der nächste und erheblich längere Rundgang führt um die Altstadt. Auf einem Luftbild könnte man die kreisrunde Anlage der Stadt erkennen und daraus schlußfolgern, daß sie in der Zeit der Ostkolonisation angelegt wurde. Sie wurde 1235 erstmals offiziell erwähnt. Daß sie in den unsicheren Zeiten wehrhaft gewesen ist, beweisen zwei steinerne Stadttore, die an die Stelle dreier wesentlich älterer Holztore getreten sind.
Im Norden liegt das Rostocker Tor, im Süden das Malchiner. Leider hat die Stadtmauer den Jahrhunderten nicht standgehalten. Es ist nicht einmal ein Abschnitt erhalten geblieben. Dafür entschädigen aber die **Ringstraßen**. Es empfiehlt sich, ihnen, die die ehemalige Begrenzung der kleinen mittelalterlichen Stadt zeigen, zu folgen. Bevor man die erste, die Nördliche Ringstraße, nach ein paar Schritten vom Kirchenportal abwärts durch die **Mühlenstraße** erreicht, kann man zwei städtebauliche Besonderheiten erkennen: Die Kirche steht – im Gegensatz zum Rathausbau auf dem Markt – auf dem Kirchplatz nicht rechtwinklig.
Die Ursache dafür ist, so wird in einer Sage berichtet, daß die Bürger sie einmal verschieben wollten. Von ihnen erzählt man sich, daß das Gotteshaus ursprünglich einen noch schlechteren Platz gehabt haben soll: mitten auf dem Markt und quer vor den beiden Hauptstraßen, so daß die Bürger, die von einem Tor zum anderen wollten, immer einen Umweg machen mußten. Also wollten sie ihr größtes und schwerstes Gebäude einfach verschieben, bis dahin, wo der Rock des Bürgermeisters lag. Aber die »Schubkraft« war so groß, daß die Kirche über das Kleidungsstück hinwegrutschte und in einer nicht rechtwinkligen Position stehen blieb. Da aber die Kraft der Teterower erschöpft war, steht sie noch heute so.

Alte Marktplatzansicht

Alljährlich zum »Hechtfest« führen die Teterower ihre Schildbürgerstreiche auf

Sehenswert ist das **Rostocker Tor**. Es stammt aus dem 14. Jahrhundert, wohl im 17. Jahrhundert wurden die scharf abgetreppten Giebel abgerundet. Das Rostocker und das Malchiner Tor machen Teterow zu einer der wenigen Torstädte Mecklenburgs und sogar Norddeutschlands.
Nach Überquerung der Rostocker Straße gelangt man in den zweiten Abschnitt der **Nördlichen Ringstraße**. Er ist wesentlich attraktiver als der erste, da er in den letzten Jahren in erfreulicher Weise restauriert wurde.
Aber schon bald zeigt sich wieder ein anderes Bild: An der ersten Kreuzung, an der die Große Bachstraße nach rechts und die Seestraße nach links abbiegen, mußten viele Häuser, darunter das Amtshauptmannshaus und ein großer Speicher, nach und nach wegen Vernachlässigung und Baufälligkeit weichen. Ob sie alle hätten abgerissen werden müssen, vermag keiner mehr zu beantworten. Ein wenig tröstet allerdings der Blick zurück, auf das Tor und auf den Giebel eines liebevoll und stilecht restaurierten Hauses.
Schnell erreicht man das Ende dieses Abschnittes der »Nördlichen«. An der Einmündung in die Pferdemarktstraße bietet sich ein schöner Blick über den kleinen Platz zum Rathaus. Der Rundgang aber führt in die **Östliche Ringstraße**. Bald lugt hinter einem Wohnhausdach ein Stück des **Malchiner Tores** hervor. Der Blick von der prächtigen Stadtseite (Schlie sagt: stattlich) ist bestens geeignet klarzumachen, was unter Backsteingotik verstanden wird: hohe Silhouette, Spitzbögen und Blenden, und auch der Treppengiebel ist typisch.

Von Zeit zu Zeit, zumeist während eines Hechtfestes im Mai, stehen hier Tausende, die ein Schauspiel erleben, das ihnen immer wieder Vergnügen bereitet: das Hochziehen des Stadtbullen. Der Brauch basiert auf folgender Geschichte:

Wie die Teterower ihren Stadtbullen weiden ließen

Seit Jahren wuchs auf dem Malchiner Tor Gras. Es wuchs und welkte. Das verdroß den Torwächter, denn er hätte es gern für seine Ziege gehabt. Aber das Grün gehörte ja dem, dem das Tor gehörte: der Stadt. Also suchte er um Erlaubnis beim Stadtrat nach. Er wurde gefragt: »Und wie kommt die Ziege aufs Dach?« »Ich ziehe sie mit dem Strick hinauf.« Nun kam aber der Einspruch vom Schatzmeister: »Dieses Futter steht unserem Stadtbullen zu!« Da fragte der Bürgermeister: »Und wie kommt der Bulle aufs Dach?« – Antwort des Kämmerers: »Mit mehreren Stricken!« Gesagt – beschlossen. Am nächsten Morgen ging es ans Werk. Schnell die Tampen um den Bullen geschlungen, davon einen um den Hals, und »Hiev up!« Das Tier war noch nicht halb oben, da steckte es die Zunge heraus. Die Ratsherrn aber riefen: »Kiekt, wo hei all lickmünnt!« (Schaut nur, was er für Appetit hat!)

Hier beginnt die **Südliche Ringstraße**. Gleich das erste Haus direkt neben dem Tor war einmal eines der beiden Ratsdienerhäuser. In den letzten Jahrzehnten wurde es als Wohnhaus genutzt. Nun spielt es in der Kulturszene der Stadt und der Umgebung als **Museum** eine bedeutende Rolle. Es ist einen Besuch wert, nicht nur, weil man nur auf diesem Wege auch einmal in das Tor hineinkommt und von seinem Giebel aus auf den Markt schauen kann.

☞ **Stadtmuseum Teterow,** Südring 1, Tel. 03996/172827; Okt.–April: Di–Fr 9–16 Uhr, Sa/So 14–17 Uhr, Mai–September: Di–Fr 9–17 Uhr, Sa/So 14–17 Uhr

Der Südring ist die kürzeste der vier Ringstraßen. Sie endet an der zweiten Geschäftsstraße der Stadt, der Warener, die man überschreitet, um in den letzten Abschnitt des Ringes, den westlichen zu gelangen. Bald erkennt man vor sich den **Mühlenteich**, dahinter den **Schulkamp** mit vier Schulgebäuden und rechts – der Kreis schließt sich – die ehemalige **Stadtmühle**, jetzt eine Art »Mehrzweckgebäude«: Im Saal oben werden Ausstellungen gezeigt und Veranstaltungen geboten, außerdem befinden sich hier der Fremdenverkehrsverein und die Informationsstelle der Stadt. Und unten gibt es noch ein stilechtes Restaurant, das zu einer Pause einlädt; von hier läßt sich der Blick auf die Natur genießen, auf den alten Teich mit Schwänen und Enten oder auf den dahinter liegenden Schulkamp, dem von Anfang an ein parkähnlicher Charakter gegeben wurde. Der Bach führt zum neu angelegten Park auf der anderen Seite der Bundesstraße und weiter zum **Hohen Holz**. Von den anderen Plätzen und Aussichtspunkten in der

Stadt und ihrer Umgebung seien hier nur zwei erwähnt: die Heidberge mit der Rennbahn und der See mit der **Burgwallinsel**. Zuerst geht es zum See. Der Weg beginnt etwa beim sogenannten **Seebahnhof**, der leider im Juni 1996 mit der gesamten Eisenbahnstrecke Teterow–Gnoien seinen Dienst beendet hat. Leider wird es auch von vielen anderen Attraktionen in Zukunft heißen »Es war einmal«: Die städtische Badeanstalt, das Motorboot für den Personenpendelverkehr, die Fähre mit der Kette und Kurbelantrieb, der 1995 abgebrannte alte »Wendenkrug« ... all das wird der Besucher nicht mehr entdecken können.

Am See ist reichlich Natur, Romantik, Vergangenheit. Das beginnt schon am Parkplatz und dem Fußweg, auf dem man sich in einem Schilfmeer wähnt. Das findet seine überraschende Fortsetzung, nachdem man mit der einzigen im mecklenburgischen Binnenland noch verkehrenden Fähre zur Insel übergesetzt hat. Der Moorboden erzittert unter dem leisesten Schritt. Folgt man dem festen Weg, hilft ein Blick auf die Skizze des verdienten Teterower Heimatforschers und Arztes Dr. Rudolf Asmus, manchen alten Wall zu erkennen.

Wenn man von der neuen »Wendenkrug-Terrasse« den Blick über den See, über das Grün von Schilf und Büschen bis hin zu den dunklen Höhen der Heidberge wandern läßt, wird der historische »Verzweiflungskampf der Wenden auf der Burgwallinsel im Teterower See im Jahre 1171«, wie ihn Dr. Asmus rekonstruiert hat, lebhaft vorstellbar:

»Die Wenden fühlten sich diesseits der Trebel ganz sicher, denn sie glaubten wohl nicht, daß Waldemar (der Dänenkönig – d.A.) mit seinen schwergepanzerten Reitern die ungeheuren Trebelsümpfe durchqueren könnte. Aber er kam doch hindurch. Wohl versanken die Ritter, die ihre Pferde am Zügel führten, immer wieder in dem unergründlichen Moore; mancher ist auch wohl von den sich bäumenden Tieren in den Sumpf getreten worden; aber der Durchgang wurde erzwungen [...]

Waldemar teilte sein Heer nun in zwei Teile. Die eine Abteilung zog unter Führung des Bischofs Absalon aus, um die umliegenden Dörfer zu plündern und zu verbrennen; die andere schritt zur Belagerung der Burg. In Rücksicht auf die beiden Zugänge zur Insel mußte eine abermalige Teilung der Belagerungstrupps erfolgen [...]

Da kehrte Absalon mit seiner Heeresabteilung zurück, reich mit Beute beladen. Sofort übersah er die Lage und griff tatkräftig ein [...]. Nachdem die Dänen auf der Insel Fuß gefaßt hatten, ging die Eroberung der Burg schnell vonstatten. Die große Zahl der anwesenden Frauen und Kinder hinderte wohl auch die Wenden an energischer Abwehr. Wer von ihnen schwimmen konnte, versuchte auf diese Weise zu entkommen, denn die vorhandenen Boote reichten nicht entfernt aus zur Rettung der Flüchtlinge. Einige Wenden versuch-

ten gar, mit Hilfe von Fässern das rettende jenseitige Ufer zu erreichen. Sie wurden aber von den Dänen aufgefischt und ihrem grausamen Schicksal zugeführt. Frauen und Kinder wurden an die dem Heereszug folgenden Sklavenhändler verkauft, die Männer aber wohl enthauptet, wie auch sonstwie in der Geschichte berichtet wird. Die Burg aber ging in Flammen auf.«

Aufwendig und liebevoll restauriert: Die Stadtmühle

Seit den aufwendigen Ausgrabungen (1950–53) kann sich der Besucher ein genaues Bild von der alten Anlage machen. Reste der Brücke wie auch Teile der Burganlage wurden teilweise freigelegt, Gebrauchsgegenstände der wendischen Bewohner wurden geborgen. Das Stadtmuseum zeigt einiges, im Freilichtmuseum Groß Raden (bei Sternberg) kann man eine ähnliche, rekonstruierte Anlage besuchen. Nach der Besichtigung der alten Burganlage bietet sich eine Fahrt zu den lichten, wenn auch bewaldeten Höhen an: zu den **Heidbergen**. Am besten gelangt man auf der **Rennbahn-Chaussee** dorthin, die im Norden der Stadt zwischen der Rostocker und der Güstrower Straße verläuft, ein hölzerner Motorradfahrer weist die Richtung. So ergibt sich eine gute Gelegenheit, Europas schönste **Motorrad-Grasrennbahn** in ihrer 363 Tage währenden Ruhezeit kennenzulernen.

Die Rennstrecke liegt hinter einer beträchtlichen Anhöhe, die man zu Fuß hinaufklettern muß. Fast immer ist es hier menschenleer, kaum vorstellbar, welcher Trubel hier herrscht, wenn über Nacht aus einer Kleinstadt für

zwei oder drei Tage (immer über Pfingsten) eine Großstadt geworden ist, die nur ein Ereignis kennt: das Rennen. Ohne diesen jährlichen Höhepunkt mit Volksfestcharakter wäre das neuzeitliche Teterow gar nicht denkbar. Von oben überblickt man die südliche Hälfte der 1877 m langen Bahn mit erheblichen Steigungen und entsprechendem Gefälle. Dort unten ist Start und Ziel, von dort geht es los, den Startberg hinauf, Richtung Nordkurve. Oben links tauchen die Rennfahrer dann wieder auf, den Hans-Winkler-Hang hinunter, über den »Hechtsprung« in die Süd- und Zielkurve hinein, auf die man hinabblickt. Es war eine Meisterleistung der Erbauer der Bahn, des »Teterower Motorfahrer-Clubs« mit Studienrat Carl Schröder an der Spitze, daß der Zuschauer ständig zwei Drittel der Bahn überblicken kann. Vieles ließe sich noch erzählen, aber ohne das Rennen selbst ist das nicht zu erfassen. Die Rennatmosphäre wird ausführlich in dem Buch »Männer, könnt ihr linksrum tanzen?« von Baumann und Peterss beschrieben. Ihm kann man entnehmen, daß man den nächsten Teterow-Besuch zu Pfingsten planen sollte!
Von hier aus geht es über die Straße durch schattigen Wald steil bergauf in die Heidberge, zu ihrer höchsten Stelle, dem Gralsberg mit dem **Ehrenmal**, das von verschiedenen Seiten aus der Ferne schon sichtbar geworden ist. Die Berge halten, was ihr Name verspricht: Heide und Berge, beide umgeben von Wald, aber immer wieder gibt es Aus- und Durchblicke in das Tal und auf die Stadt.
In dieser Landschaft wird die Geschichte vorstellbar, die Rudolf Tarnow erzählt:

Irgendwo hier weidete der Stadtschäfer friedlich seine Herde. Er vernahm ein Brummen, das immer lauter wurde, weil es ständig näher kam. Er konnte sich die Ursache nicht erklären, hatte er doch noch keinen Zeppelin gesehen (tatsächlich landete einer am 21. Juni 1914 in Teterow). Was war das am Himmel: ein Kahn, ein Untier, eine Riesenwurst? Es kam immer tiefer, stand schließlich still, während eine Stimme von oben rief: »Sie, alter Freund, wie heißt die Stadt?« – Der Schäfer fiel auf die Knie, faltete seine Hände und antwortete: »Lew Gott, ick mein, dat weitst Du jo – Du büst hier – dicht bi Teterow!«

Unvermittelt steht man vor einem Bauwerk, das aus dem Berg herausgewachsen zu sein scheint. So sehr fügt sich das für die Gefallenen des Ersten Weltkriegs 1927 errichtete Ehrenmal in die Landschaft. Es ist gestaltet in Form eines bis zum Heft in die Erde getriebenen Schwertes: Nie wieder Krieg!
Einige Meter höher erkennt man nicht nur Teterow im Vordergrund, sondern auch die Panstorfer Höhen, hinter denen Malchin und der Kummerower See liegen. Im Nordosten steigen über dem Teterower See der Silberberg

und das Land Hardt auf, dahinter liegt Neukalen. Im Westen zeigt der Schlieffenberger Kirchturm das Nordwestende der Mecklenburgischen Schweiz an.

Von dieser Höhe gelangt man auf einem ständig bergab führenden Fußweg – vorbei an der im Wald gelegenen Gaststätte »Uns Hüsung« – direkt zum Mühlenteich und zum Stadtzentrum zurück.

Nächste Doppelseite: Immer wieder beeindruckend – das über 70 Jahre alte Ehrenmal auf der höchsten Erhebung der Heidberge

Rennen in den 60er Jahren

Malchin – alte Landtagsstadt zwischen den Seen

DER MARKTPLATZ IN MALCHIN

Eine Fahrt von Teterow nach Malchin ist zugleich eine kleine Reise quer von West nach Ost, von einem Becken in das andere, wobei man den beide Städte trennenden Höhenzug an einer seiner höchsten Stellen bei **Neu Panstorf** überquert. Dieser Punkt ist einer der markantesten des ganzen Gebietes. Der Ausblick von dort ist nur zu vergleichen mit dem von den Heidbergen bei Teterow oder vom Röthelberg bei Burg Schlitz. Darum sollte man auf jeden Fall anhalten. Es läßt sich nur schwer sagen, welche Aussicht schöner ist: die nach vorne in das größere Malchiner Becken, wo links der Kummerower See liegt und weiter rechts, schon wieder höher, Stavenhagen, oder die zurück in das kleinere Teterower Tal oder nach rechts und links auf die grünen Wälder, die beidseitig fast bis an die Straße reichen.
Ein Umweg auf der Nebenstraße lohnt sich: Gleich rechts biegt man in die Dorfstraße ein, die als Landstraße nach **Alt Panstorf** weiterführt. Nach links bietet sich ein wunderschöner Ausblick: Wälder, Wiesen und Dörfer, links Remplin, rechts Alt Panstorf. Eine uralte Allee führt zu dem kleinen versteckten Dorf. Wenn man ihr folgt, gelangt man zu einer Ruine. Sie liegt dicht an der Dorfstraße und ist nicht zu übersehen. Man sollte sie auf jeden Fall aufsuchen, denn sie ist die eindrucksvollste **Kirchenruine**, die weit und breit zu finden ist. Edmund Schroeder hatte schon recht, als er vor 40 Jahren schrieb:

»Dieses Land der schönen Kirchen ist auch das Land der Kirchenruinen aus alter und neuer Zeit […] am Rande der Panstorfer Forst trauern die Reste des Gotteshauses des einst blühenden, dann aber auf wenige Katen zusammengeschrumpften Dorfes Alt-Panstorf in die Zeit hinein. Untergegangene Dörfer sind keine Seltenheit im Bereich der großen Rittergüter.« (18)

Und er nennt auch die Ursachen für den Niedergang: »Dreißigjähriger Krieg und Bauernlegen haben ihre düsteren Spuren hinterlassen.«
Von dort geht es bergab und dann nach links in die Rempliner Bauernreihe hinein, bis man auf halber Höhe des Ziegenberges wieder auf die Hauptchaussee trifft und nach rechts abbiegt.
Schon auf dem Weg nach **Remplin** ist manches Interessante zu sehen. Zuerst, ein wenig seitab, der noch zu restaurierende Torturm, durch den früher wohl die schönste Zufahrt auf das Schloßgelände und in den großen Schloßpark führte. Man stelle sich die Pracht einer Kutsche mit ein paar edlen Pferden vor dem Schloß vor. Heute nimmt man die nächste Abfahrt und findet das Schloß – oder das, was nach dem großen Brand 1940 von ihm übriggeblieben ist – dicht an der Hauptstraße. Vorher aber sollte man

Ruine in Alt Panstorf

erst einmal an der zierlichen Dorfkirche vorbeifahren, die von 1875 bis 1879 erbaut wurde. Es folgt die Gaststätte »Zur Linde«, die in der Zeit zwischen den beiden Weltkriegen wegen ihres gepflegten Gastgartens eines der Sonntagsausflugsziele der Malchiner war. Dahinter liegen, etwas verdeckt von der Gutskapelle, die nach dem Bau der Dorfkirche als Turnhalle genutzt wurde, die aus dem 18. Jahrhundert stammenden Gebäude des ehemaligen Gutshofes. Einige hundert Meter zieht sich der Park mit reichem Baumbestand hin, bis rechts am Ende einer Schneise ein Turm sichtbar wird. Bei genauerem Hinsehen allerdings erkennt man, daß diese 1792 erbaute erste **Sternwarte** Mecklenburgs kaum mehr als eine Ruine ist, an deren Restaurierung nun schon einige Zeit gearbeitet wird.
Vom Rande des Parks hat man über eine weite Moor- und Wiesenlandschaft hinweg einen schönen Ausblick auf das am Ende einer erhöhten Landzunge liegende **Malchin**.
Von links führen zwei Chausseen in die Stadt. Die erste ist die neue, die zweite die ältere und, da sie durch Moorgelände verläuft und den Peenekanal und den nicht fernen Kummerower See ahnen läßt, zugleich die interessantere. Schräg links befinden sich immer noch die bewaldeten Hügelketten, das Rückgrat der Mecklenburgischen Schweiz. Die Landschaft wird aber auch geprägt durch die Tiefebene, die kaum über Normalnull liegt.

Nach einer Rechtskurve auf der neuen Chaussee kommt man in den Nordteil der ehemaligen Kreisstadt und sieht zuerst den alten Wasserturm und die Neubauviertel vor sich. Vom Stadteingang ist es nur eine kurze Strecke bis zum Tor, es ist, wie vieles hier, nach »Kalen« benannt: Das **Kalensche Tor** hat im zweiten Viertel des 15. Jahrhunderts das Holztor in der Stadtmauer abgelöst.

Damals gab es ein ganzes Ensemble von Verteidigungsbauten: Vortor, Torwächterhaus, Innentor. Aber gerade das höchste und stärkste, mit Schießscharten, Fallgitter und Pechnase, hat vor der Zeit kapitulieren müssen – aber nicht aus Altersgründen, sondern wegen des zunehmenden Verkehrs, der mit der Inbetriebnahme der »Kunststraße Rostock–Neubrandenburg« 1837 einsetzte. Glücklicherweise blieb dieses Schicksal den beiden Malchiner Vortoren erspart. Die Feldseite dieses die Stadt vor Angriffen aus dem Norden schützenden Tors hat aber nicht nur eine wehrhafte Komponente, sondern auch, und bis in unsere Zeit ständig zunehmend, eine Repräsentations- und Schaufunktion. Sie wird durch die abwechslungsreiche Bekrönung und die beiden Blendenreihen bewirkt.

Bevor man in die Innenstadt geht, sollte man sich einmal dem stattlichen Bahnhofsgebäude und dem großen Vorplatz zuwenden. In dem schmucken Neubau am Busbahnhof befindet sich der Sitz des »Tourismusverbandes Mecklenburgische Schweiz e.V.« Hier gibt es immer aktuelle Informationen für die Urlauber in den beiden neuen Großkreisen Güstrow und Demmin.

Erst kurz vor der Tordurchfahrt wird ein erster Blick in die **Altstadt** möglich, da die Hauptstraße dort, wo das Innentor stand, wegen der besseren Verteidigungsmöglichkeit einen Knick macht. Von hier ist das Blickfeld frei bis zum Rathaus. Auf alten Bildern aus der Zeit vor 1945 kann man noch sehen, daß das Rathaus durch große Häuser, lange Straßen, ja durch einen ganzen Stadtkern verdeckt war. 1945 mußte die Stadt ihre Zerstörung bewältigen, so wie sie viele Kriegshandlungen im Laufe von sieben Jahrhunderten überwinden mußte – und auch überwand:

1627 Besetzung durch Wallensteins Truppen
1637 Plünderung durch die Kaiserlichen
1713 Der Nordische Krieg lastet auf der Stadt
1762 Stadtbrand infolge Beschießung durch preußische Truppen
1805 sind Kosaken und russische Infanterie in der Stadt
1806 plündern die Franzosen
1810–1812 sind wieder Franzosen in Malchin

Problematisch für Malchin wirkte sich gerade seine günstige militärisch-strategische Lage aus, die im Laufe der Geschichte unverändert geblieben ist. Die Gründung der Ansiedlung erfolgte auf einer erhöhten Landzunge, die vom späteren Basedow in das Moorland zwischen beiden Seen bis an die Peene vorstößt. Hier war (und ist) der einzige Übergang über den Fluß,

der, wie im frühen Mittelalter geschehen, durch eine einzige Mauer zu schützen war. Diese Paßlage verursachte aber auch immer wieder Unsicherheit und Gefahren. Fremde Heere, die durch diese Gegend zogen, fanden auf einer Breite von 50 Kilometern (Malchiner See/Moore und Peenearme/Kummerower See) nur einen Übergang, nämlich den bei Malchin. Das brachte für die Stadt immer tödliche Gefahren, ob sie nun von Dänen oder Schweden, von Russen oder Franzosen ausgingen.
1945 war das nicht anders. Die Kanalbrücke war von der Wehrmacht gesprengt worden, die sowjetischen T-34-Panzer standen dicht an dicht, so daß die Rotarmisten die Platten ihrer Panzer als Gehsteige benutzten. Der »Stau« währte Stunden, Malchiner Schnaps floß in Strömen.
Im Zentrum führt die Stadtbesichtigung zuerst zum **Markt**. Die früheren Stadtväter haben fest und dauerhaft gebaut: Am auffälligsten sind die für eine Kleinstadt unwahrscheinlich große Kirche mit dem hohen Turm und das schmucke Rathaus. Mindestens dreimal wird man im Rathaus zu stadthistorischen Betrachtungen angeregt: durch die kupferne Stadtchronik in der Vorhalle, durch den **Rathaussaal** mit den 72 Gewerbewappen der einstigen und jetzigen Berufe in der Stadt sowie durch das Gebäude selbst und seine Vorgängerbauten. Denn dieses ist schon das fünfte Rathaus. Über das erste ist allerdings nichts bekannt außer, daß es nach dem Dreißigjährigen Krieg sehr verfallen war. Das zweite ist nur durch eine sehr viel später angefertigte Zeichnung in Erinnerung. Es scheint aber gesichert zu sein, daß es von 1745 bis 1841 seinem Zweck diente, und es hätte das wohl noch länger vermocht, wenn es für die zunehmenden Verwaltungsaufgaben und den damit gestiegenen Raum- und Personalbedarf noch ausgereicht hätte.

Hôtel de Russie, seit 1791 im Besitz der Familie Bülle

Das Kalensche Tor

Das dritte (1842 bis 1900) wurde durch die Tagungen des Mecklenburgischen Landtages, der seit 1621 im zweijährigen Wechsel mit Sternberg auch hier in Malchin tagte, im ganzen Land beachtet. Natürlich gab es neben einem großen und einem kleinen Saal auch ein Fürstenzimmer.
Später trat an die Stelle des witterungsgefährdeten Flachdaches ein Zinnenkranz, ein neuer Dachstuhl mit Giebel und Giebelaufsätzen wurde errichtet. Auch neue Fenster veränderten das Aussehen, so daß man vom »neuen«, dem vierten Rathaus sprach (1900). Dieses brannte ein Vierteljahrhundert später bis auf die Außenmauern nieder, die den Rahmen für das fünfte, das jetzige Rathaus vorgaben. Die Einweihung im Jahre 1927 wurde zu einem der größten Feste, das die kleine Stadt jemals erlebt hat. Schon das Richtfest ein Jahr zuvor war im ganzen Land zur Kenntnis genommen worden. Der Richtspruch des Zimmererpolieres in luftiger Höhe (»von dieser Zinne«) setzte Maßstäbe für die Zukunft:

»Das ist mein Wunsch von dieser Zinne, ich denk, es ist in aller Sinne: Es lebe die Perle im Lande Schwerin! Es blühe und wachse das schöne Malchin!«

Am Markt 12 stand bis zu seinem Abbruch nach dem Zweiten Weltkrieg das Geburtshaus eines der berühmtesten Söhne dieser Stadt: Siegfried Marcus, der schon 1870 einen Kraftwagen erfand, wurde hier im Jahre

Siegfried Marcus

1831 geboren. Auch die ältesten Einwohner Malchins haben vor 1945 nur wenig von ihm gewußt. Ob seine Erfindung zu sehr im Schatten derjenigen stand, die Daimler und Benz 1886 vorstellten, oder ob sein Name so selten erwähnt wurde, weil er Jude war, ist umstritten. Nur wenige wissen heute noch, daß 1933 anläßlich eines Heimattreffens die Gedenktafel für seine Geburtsstätte fertig war und daß die Plakate schon gedruckt waren. Aber die Nazis waren inzwischen an die Macht gekommen, sie verboten die Gedenkfeier, ließen diesen Programmpunkt streichen und die Plakate überkleben.
Schade, daß sein Elternhaus in der dann folgenden Zeit abgerissen wurde. In diesen Jahren wird zunehmend an Marcus erinnert, zuletzt zu seinem 100. Todestag durch ein technisches Denkmal auf dem kleinen Markt.
Der Rundgang führt in die **Strelitzer Straße**. Kurz hinter der sie kreuzenden Langen Straße kann man ein Stück der alten Stadtmauer entdecken. Einen besseren Eindruck von der mittelalterlichen Stadtbefestigung erhält man durch einen Schwenk nach links, denn dort erhebt sich deutlich sichtbar der **Fangelturm**. Noch nach dem letzten Krieg führte die Mauer bis fast an ihn heran, wurde dann aber an ihrem noch stehenden Ende abgetragen. Diesem Abbruch war schon 1928 ein anderer vorangegangen, ein dritter folgte 1988.
Der Fangelturm, Überrest einer kompletten Verteidigungsbastion mit vor dem Turm gelegenen Innentor, Wache und Vortor, hat alle Kriegs- und Notzeiten überdauert. Er und seine wehrhaften Nachbarn waren schon im 14./15. Jahrhundert erforderlich geworden, weil Mecklenburg und Pommern lange Zeit Kriege gegeneinander führten. Und auch später mußten die verschiedensten Angriffe abgewehrt werden. Man kann sich in den Anlagen, die im Viertelkreis um die Altstadt nach Süden bis an das Steintor reichen, beim Spaziergang entspannen und den schönen Ausblick auf den Fangelturm, die alte Mauer, das Rathaus und die Kirche und bald auch auf das Steintor (von rechts nach links) genießen. Über den Turm erzählt man sich in Malchin die folgende Sage:

In dem großen Rathaussaal zu Malchin saß einst eine fröhliche Gesellschaft bei Speise und Trank. Den Ehrenplatz in der Mitte der Tafel nahm der Ritter von Kummerow ein, den die Malchiner zu einem Festmahl gela-

Der von Marcus konstruierte Kraftwagen

den hatten. Von allen Seiten bemühten sich die Stadtherren, den Gast bei guter Laune zu halten und seine Gunst zu erringen. Das hatte seinen guten Grund. Die Ländereien des Ritters zogen sich damals noch bis ans Mühlentor von Malchin und die Bürger trugen nach diesen Wiesen und Feldern bis an den Kummerower See großes Verlangen. Als nun die Malchiner so fröhlich mit dem Herrn von Kummerow zechten, fragte ein Ratsherr: »Herr Ritter, wollt Ihr uns nicht Eure Ländereien bis zum Kummerower See verkaufen?« Da lachte der Ritter und rief: »Soviel Geld habt ihr nicht! Doch soll es mir auf ein Stück Land nicht ankommen. Ich will euch bei meinem Ritterwort soviel schenken, als ihr diese Nacht von 12 Uhr bis morgens 4 Uhr umpflügen könnt. Dafür müßt ihr zu meinem Andenken am Mühlentor einen Turm bauen. Wenn ihr aber den Turm niederreißt, so soll das Feld wieder meinen Nachkommen gehören!« Nachts ab 12 Uhr pflügten die Malchiner Bürger und zogen eine Furche von Malchin bis zum Dorfe Duckow, das eine halbe Stunde von der Stadt entfernt liegt, von da bis zum Kummerower See und dann in einem weiten Bogen bis Malchin zurück. Als es vom Turm 4 Uhr schlug, kamen sie gerade beim Mühlentor wieder an. Gegen 4 Uhr ritt der Herr von Kummerow vor das Tor, begleitet von den fröhlichen Ratsherren. Da rief er: »Ihr Schelme! So war es nicht gemeint. Aber Ihr habt mein Ritterwort, und ich werde es halten!« Daher kommt es, daß Malchin so reich an Feldern und Wiesen ist. Aber auch die Malchiner hielten ihr Wort und bauten den Turm.

Nach langen Jahren wollten ihre Nachfahren aber den Turm niederreißen, um die Steine zum Rathausbau zu benutzen. Doch rief ein alter Bürger: »Daut dat nich, dei Kummerowsch kickt all ut dei Auken!« Da dachten sie an die Abmachungen und ließen den Turm stehen.« (Nach G. Reisener, 1961)

Am **Steintor** tat sich einiges, denn die heutigen Malchiner wollten es nicht nur erhalten, sondern auch nutzen. Es ist ein schöner und interessanter Bau der Backsteingotik aus dem 15. Jahrhundert. Auch hier stand in alten Zeiten ein zweites Tor, das Innentor, von dem nicht bekannt ist, wann es abgebrochen wurde. 1893 hätte dieses Schicksal beinahe auch das Außentor getroffen, das dem Verkehr Tribut zollen sollte. Es war schon verkauft worden und hatte die obere Hälfte bereits verloren, als die Bürgerschaft protestierte, Geld sammelte und den Wiederaufbau erzwang. Sogar der Landesvater unterstützte das Vorhaben und übernahm einen Teil der Kosten. Bald konnte man wieder sagen: »Dat Steindur hatt all lang hier stahn, dor kann noch männig Kalw dörchgahn.«
Vom Steintor geht es über die Lindenstraße zum **Wall**. Der ist seit langem eine Promenade zwischen Steintor und dem nicht mehr auffindbaren Wargentiner Tor. Nach dem Siebenjährigen Krieg wurde auch der Wall geschleift, Gärten wurden angelegt. Eine wunderschöne Allee großer Linden beherrscht das Bild, während der eigentliche Wall zur Rechten immer flacher wird. Auch der ehemalige Wallgraben ist heute eine kaum wahrnehmbare Senke. Das dahinter und erhöht liegende **Strietfeld** (ehemals eine Ring- oder Mauerstraße) verliert immer mehr alte Häuser, so daß man zur Zeit direkt von hier nach dort gelangen kann. Am Ende des Walls, wo einmal das Wargentiner Tor gestanden hat, befindet sich heute die untere Hälfte des **Kriegerdenkmals** von 1870/71, das nach dem 8. Mai 1945 zerstört wurde.
Vom Ende des Walls kann man zwar die Zinnen des Kalenschen Tores sehen, aber der Weg dorthin durch die Rektor-Bülch-Straße und die Hunnenstraße oder »dörch dei Gatz« bietet wenig Reize: Das **Rektor-Bülch-Denkmal** für den Freiheitskrieger, Direktor und Stadtvater dämmert in düsterer und feuchter Ecke vor sich hin. Bei den älteren Schulen erahnt man nur noch die ringförmige Anlage der Stadt, denn die Gasse war wohl nie bebaut, und die Kalensche Mauerstraße ist seit 1945 verschwunden.
Nach rechts, durch die **Wargentiner Straße**, gelangt man zur imposanten **St.-Johannis-Kirche**. Pastor Romberg beschrieb sie 1961 so:

»Es gibt wohl kaum eine Kleinstadt in Mecklenburg, die eine so große und schöne Kirche besitzt […] Zuerst stand an ihrer Stelle eine viel kleinere,

Rechte Seite: Die St.-Johannis-Kirche

die gleich nach der Stadtgründung 1236 erbaut wurde [...] Nachdem diese Kirche 1397 abgebrannt war, wurde die heutige etwa 1440 fertiggestellt. Sie ist im hochgotischen Stil erbaut, was man besonders schon an den hohen Altarfenstern vom Markt aus sieht. Vom Westen dagegen meint der Fremde, er sähe eine kleine Kirche mit einem Riesenturm davor. Das liegt an der besonderen Bauweise, in der unsere Kirche erbaut wurde. Wir haben nämlich noch eine im Süden angebaute Marienkapelle, die den Turm etwas nach Norden verschoben hat.
Nun steht er nicht mehr, wie andere Kirchtürme, in der Mitte vor dem Hauptschiff. Deshalb kann niemand anders als durch ein Seitenportal unsere Kirche betreten. Beim Betreten des Inneren der Kirche ahnt er also nichts von ihrem Ausmaß und ihrer gotischen Schönheit, da erscheint es ihm, als sei unser herrlicher Buchenwald um ihn zu Stein geworden.« (10)

Nach der Besichtigung der Kirche sollte man den Turm besteigen:

»Wenn die Sicht klar genug ist, können wir hinter dem Kummerower See den Demminer Kirchturm entdecken. Wir sehen auch den Höhenzug des mecklenburgischen Hügellandes vor uns. Er reicht vom Heesterberg am Kummerower See bei Salem bis nach Burg Schlitz am Malchiner See. Zwischen diesem Höhenzug und unserer Stadt breitet sich ein Tal aus, von der Peene durchflossen, das Malchin mit der Ostsee verbindet.« (Pastor Romberg; 10)

Südlich von hier liegt das **Hainholz**. Dorthin zieht es die Malchiner seit Jahrzehnten. Die alte Waldgaststätte »Jägerhof« ist vor kurzer Zeit einer modernen gleichen Namens gewichen. Wahrlich erholsam ist es dort mit Blick auf Malchin und die malerische Umgebung. Zu empfehlen ist auch ein Spaziergang nach Gessin oder nach Gielow.
In der Nordrichtung fällt auf, daß neben dem Bootsverkehr auf dem Kanal, der zum Kummerower See führt, nicht weit von Malchin große Kähne festgemacht haben. Nach und nach wird sich vielleicht wieder ein bescheidener Frachtschiffverkehr entwickeln, wie er vor 1939 in beachtlichem Umfang existierte. Lohnend ist auch ein Besuch in der ehemaligen Sakristei, in der seit 1997 die Stadtinformation zu Hause ist. Hier findet der Besucher interessante Materialien, wiederholt Ausstellungen und kann an Stadtführungen teilnehmen.

Rechts: Sagenumwobener Fangelturm in Malchin

Folgende Doppelseiten:
In der Frauenwerkstatt Ziddorf
werden bäuerliche Traditionen gepflegt

Ins Herz der Mecklenburgischen Schweiz

Von Teterow nach Blücherhof, Länge ca. 60 km

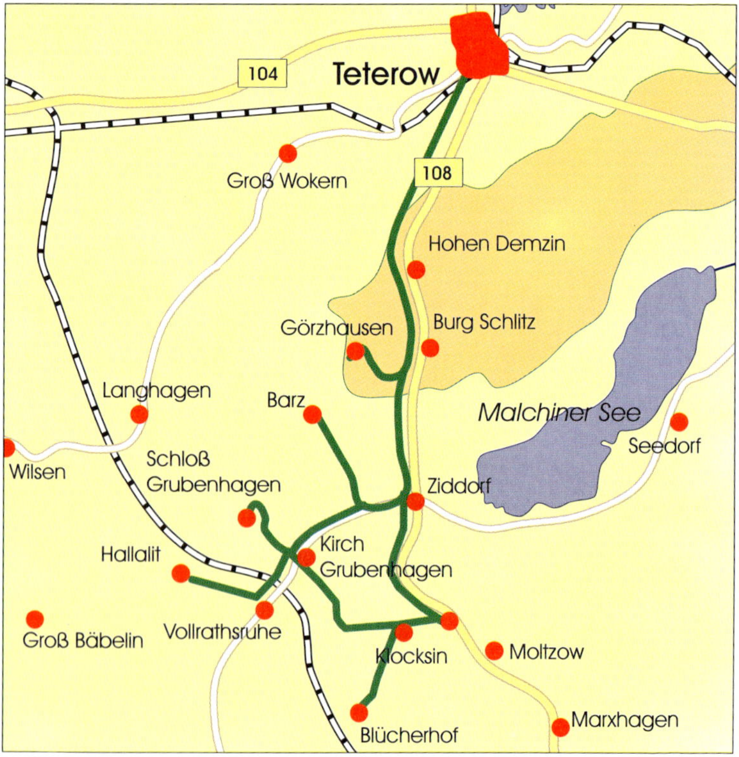

Diese Tour führt zum wirklichen Mittelpunkt der Mecklenburgischen Schweiz, zur so oft beschriebenen und erwähnten **Burg Schlitz**, wo der Name für die Umgebung und die ganze Landschaft geprägt wurde. Dort ist zu erkennen, daß nicht die Seen oder die Becken, so reizvoll und interessant sie auch sind, das Wesen dieser Landschaft ausmachen, sondern die Hügelketten und Berge, eben der Kernland-Höhenzug.
Schon auf dem Weg dorthin ist er einige Male zu sehen, aber wirklich gut erkennen kann man ihn erst in der Nähe von Burg Schlitz. Man erreicht den Höhenzug auf der von Teterow in Richtung Süden nach Waren führenden B 108. Gleich hinter der Stadt geht es »zügig bergauf«, »dat is de Worensche Barch«.
Einige hundert Meter vor der höchsten Stelle, die direkt auf der Straße liegt, zweigt eine Straße links ab in Richtung Glasow und Bristow. Eine kurze Strecke ist es nur bis zu dem Punkt, von dem aus man die schönste Übersicht über das **Teterower Becken** hat. Man blickt auf die Stadt, gleich dahinter auf den Teterower See, hinter beiden öffnet sich eine nach Norden leicht ansteigende Ebene. Im übrigen aber beherrschen Anhöhen und Hügel das Bild, rechts das Land Hardt nach Neukalen zu, vom Hardtberg bei Pohnstorf bis zur Friedrich-Franz-Höhe bei Salem am Kummerower See. Von links grüßen die Heidberge mit ihren Wäldern, und über allem steht das Ehrenmal als Aussichtspunkt. Von hier lassen sich gut einzelne Häuser in der Stadt ausmachen, allzu schwer ist das nicht.
Auf der B 108 entsteht schon bei der ersten Straßenkreuzung (rechts nach Groß Köthel – links nach Grambzow) der Eindruck, man fahre auf einer Hochebene. Links reiht sich waldbestanden Anhöhe an Anhöhe.
Man gelangt zum ersten an der Straße gelegenen Dorf, dessen Kirchturm schon von weither sichtbar ist: **Hohen Demzin**, nicht zu verwechseln mit Fritz Reuters Demzin, das an der Ostpeene in der Nähe von Gielow liegt. Hier lohnt ein kleiner Abstecher zur Kirche, denn dieses Land ist auch das Land der Schlösser und der Dorfkirchen. Zur Geschichte von Hohen Demzin ist erwähnenswert, daß das Kirchdorf und das Gut 1781 an den Freiherrn von Labes kamen, den späteren Grafen Schlitz auf Burg Schlitz. Zuvor waren die Zeiten hart gewesen: Am Ende des Dreißigjährigen Krieges war von den ehemals 16 Höfen nur noch einer bewohnt.

Friedrich Schlie schrieb 1902:

»Die Kirche, 1872 umgebaut, ruht auf einem hohen Granitfundament und hat einen Chorschluß aus dem Achteck sowie einen aus Granit aufgeführten Turm mit einer achtseitigen steilen Helmspitze. Im Inneren ist alles neu. Auf dem Altar ein auf Goldgrund gemalter Kruzifixus […] Auf der Nordseite der Kirche, draußen, ein Denkstein der gräflichen Familien von

Schlitz und Bassewitz-Schlitz (nach 1861), und ein anderer kleiner Stein mit der Angabe: ›Hier ruhen die von der Osten, welche seit 1427 bis zum Jahre 1788 auf Karstorf gesessen.‹ Unter dem Chor die von außen mit einer eisernen Platte geschlossene Bassewitz-Schlitz'sche Gruft. Im Inneren der Kirche, und zwar an der Nordwand, ein aus Holz geschnitztes und bemaltes großes Wappen mit kriegerischen Emblemen und einer Unterschrift, welche besagt, daß der kurfürstlich-brandenburgische Generalquartiermeister Heinrich Adam von der Osten, grundgesessen auf Schilber, Karstorf und Wildberg [...] am 2. August 1682 zu Karstorf gestorben sei. Außerdem im herrschaftlichen Stuhl ein geschnitztes und bemaltes neues Bassewitz-Malzan'sches Allianzwappen. An der Wange desselben Stuhls treffliche neugotische Schnitzerei mit dem Bassewitz-Bülow'schen Allianzwappen.« (17)

Der Weg führt weiter nach Süden. Gleich am Ortsausgang fällt die Straße ab, um nach einer kurzen Strecke wieder nach **Burg Schlitz** anzusteigen, die rechts auf dem Buchenberg, zu dem eine schöne Allee führt, sichtbar wird. Um hier alles zu besichtigen, das Schloß, das aus drei Gebäuden besteht, die Kapelle, den großen Park mit seinen 44 Denkmälern, reicht ein Tag nicht aus. Es gab schon Teterower, die im Sommerhalbjahr an jedem Sonn- und Feiertag hierher fuhren, und Malchiner, die ihre jährliche Pfingst-Kutschfahrt ständig nach hier ausrichteten.
Der neue Schloßherr absolvierte in den letzten Jahren ein umfangreiches Bauprogramm, zu dessen krönendem Abschluß auch ein Museum entstehen soll. Folgende Sehenswürdigkeiten sind für Besucher zugänglich:
Am neuen, großzügig angelegten Parkplatz an der Straße liegt die so gut zum Schloß und in die Landschaft passende Gaststätte, der der Graf selber den Namen »Goldener Friede« gegeben hat. Auf der anderen Seite der Straße und am Eingangstor zur ansteigenden Schloßallee findet sich ein in mehrfacher Hinsicht interessantes Monument: ein Obelisk mit lateinischer Inschrift, Urne und Ruhebank. Aus dem Namen der Gaststätte und dem aus dem Lateinischen übersetzten Willkommensgruß darf geschlossen werden, daß der Bauherr ein Romantiker war: »Mögest Du, willkommener Gastfreund, wenn Du hinaufsteigst, Deine Sorgen in diese Urne legen – wünscht H. Graf Schlitz, 1816«.
Von oben leuchtet das weiße Schloß, eingebettet in Grün. Es wurde von 1806 bis 1823 erbaut; die Fertigstellung verzögerte sich immer wieder wegen der »Franzosenzeit« und der Befreiungskriege.
Gegenüber dem Park erwartet den Besucher die **ehemalige Schmiede** – beachtenswert ist der gedrehte Schornstein – mit Museum. Das historisch wertvolle Gebäude drohte in den 80er Jahren zu verkommen, wenn es nicht Leute gegeben hätte – allen voran Teterows jetziger umsichtiger Bauamts-

Alte Schmiede von Burg Schlitz

leiter –, die 100 Gegenstimmen und 1000 Schwierigkeiten überwanden und die Schmiede 1982, im 150. Jahr ihres Bestehens, wieder der Öffentlichkeit übergaben. Schmiedemeister mehrerer Kreise setzten sich hier selbst ein Denkmal – »Sponsoren« gab es damals hierzulande nicht. Zur Wiedereinweihung wurde aus Fritz Reuters Versroman »Hanne Nüte« zitiert, denn dort gibt der Meister Snut seinem Sohn Johann gute Ratschläge mit auf die damals übliche Gesellenwanderschaft.

Dieser Ort hier kannte einen Wanderer, der sehr viel weiter gekommen war als Johann Snut: Graf Schlitz, als er noch Freiherr von Labes hieß und im preußischen Staatsdienst halb Europa bereiste. Hier, in der Mecklenburgischen Schweiz, hat er das gefunden, wonach er suchte: Ruhe, Frieden, Harmonie. Daß er das Wandern aufgab, bezeugt das **Wanderstabdenkmal**, das ein wenig weiter, abseits der Straße zwischen Bäumen über eine Birkenallee zu erreichen ist. Dort oben, in einer flachen Nische des Denkmals, war des Grafen Wanderstab eingelassen. Er ging, wie so vieles, 1945 verloren, die Inschrift aber ist noch erhalten: »Sein zweites Vaterland suchte, fand und liebte hier H. Graf Schlitz«.

Nach Überquerung der Chaussee Teterow–Waren kommt man auf das kleine Karstorf zu und fühlt sich in alte Zeiten zurückversetzt. Hier ließ der Graf sich als notdürftige Wohnung einen alten Schafstall ausbauen, weil

BURG

HLITZ

ihm anderes wichtiger war, als ein Schloß zu errichten. Wohnungen für seine Landarbeiter und die Siedlung Görzhausen hatten Vorrang. Hinter dem Marstall rechts, im parkähnlichen Wald geht es bergauf. Bald bietet sich ein wundervolles Bild in Grün und Weiß, auf der Lichtung durchwebt von Sonnenstrahlen: der Brunnen, die Kapelle, das Schloß und überall uralte Bäume. Der **Nymphenbrunnen** ist oft beschrieben und fotografiert worden, aber man muß ihn in natura gesehen haben, um seine ganze Schönheit wahrzunehmen. Einzigartig sind die zierlichen Nymphen, die viel besser hierher passen als an ihren ersten Platz im Kaufhaus Wertheim in Berlin (bis etwa 1930). Walter Schott, ein großer Künstler des Jugendstils, schuf den Brunnen im Jahre 1903. Kaum traut man sich, näher an die **Kapelle** heranzutreten, um das schöne Bild nicht zu zerstören:

»Durch die überdimensionalen Felsenstufen und die Überhöhung und Verschiebung der Perspektive erzielt das Ensemble eine gewisse Entrücktheit von der Wirklichkeit.« (8)

Manches aber wurde den Menschen auch bewußt entrückt, wurde von ihnen ferngehalten, auch diese Kapelle, an deren Glockenklang sich die bisherigen Bewohner des Schlosses, Alte und Pflegebedürftige, gerne erfreut hätten. Erstmals läuteten die Glocken wieder zu Weihnachten 1995.
In den Jahren seit 1993 ist manches getan worden. Der neue Schloßherr faßt es so zusammen:

»Alle drei Gebäude haben neue Dächer. Der große Turm, der zu Kriegszeiten beseitigt wurde, ist wieder errichtet. 178 neue Fenster wurden eingesetzt, wobei die historisch wertvollen restauriert wurden. Darüber hinaus haben wir die Gebäude in einer weiteren Etage miteinander verbunden.«

Seitdem wurde an einem Hotel der gehobenen Gastlichkeit und einem Museum zum Themenkreis »Schlösser, Herrenhäuser und Parks« gearbeitet. Zurück nach **Karstorf**, geht es von dort nach rechts und bergauf durch den Wald zum **Röthelberg**. Er bietet die weitesten Blicke in die Mecklenburgische Schweiz, besonders auf das Malchiner Becken und auf den in ihm eingebetteten Malchiner See. Er scheint von allen Seiten von bewaldeten Höhen umgeben zu sein. Sanft fällt das Gelände ab, in verschiedenfarbigen Waldlagen oder -schichten steigt es über dem jenseitigen Ufer wieder an. Betrachtet man den Vorder- und Mittelgrund genauer, dann wird sichtbar, welche landschaftsgestalterische Arbeit Graf Schlitz seinerzeit geleistet hat: Anlage von Alleen, Pflanzen von Baumgruppen, Verschönern einzelner nackten Kuppen durch ausgesuchte Bäume, zumeist Eichen. Er dürfte wohl der erste im damaligen Land der großen Rittergüter gewesen sein,

Rechte Seite: Der Nymphenbrunnen

der diese besonderen Reize und Schönheiten erkannte und durch menschliche Hilfe erst voll zur Geltung brachte.
Teterow ist von hier aus nicht zu sehen, wohl aber das Ehrenmal vom Turm des nahen Schlosses. Ein großartiges Panorama bietet sich im Südwesten: hochgelegene Dörfer, die den Volksmund zum Reimen gebracht haben:

»Wat licht dor baben? – Kirchgrubenhagen!
Wat kümmt nu? – Vollratsruh!
Un wat is dit? – Hallalit!«

Im Südosten liegen Großen Luckow und Ziddorf, weiter, entgegen dem Uhrzeigersinn, die alten Siedlungen am Malchiner See: Schorssow, Bülow, Bristow auf dieser Seite und Dahmen, Rothenmoor, Seedorf und Basedow auf der anderen.
Der nächste Halt erfolgt in südwestlicher Richtung, in **Ziddorf**, direkt vor der alten Mühle. Würde der sinnige Spruch am Gebäude nicht darauf hinweisen, würde man von dieser Seite aus kaum eine Wassermühle vermuten:

»Benutze, Müller, Deine Zeit
mit Ordnung, Fleiß und Redlichkeit –
Einst steht auch Deine Mühle still,
wenn Gott der Herr es also will.«

Diese Ziddorfer Mühle war als eine der zahlreichen kleinen dörflichen Wassermühlen im Gebiet der Peene angelegt worden. Sie hatte ein unterschlächtiges eisernes Mühlrad, das seit 1956 stillsteht, sich aber noch heute im Keller befindet. Das Gebäude stand quer über dem Bach, der 1967 wegen Meliorationsarbeiten umgeleitet wurde. Der durch seinen Aufstau gebildete Teich wurde trockengelegt. Durch Elektromotoren angetrieben, arbeitete die Mühle noch bis in die Mitte der siebziger Jahre. Seit einiger Zeit wird an der Wiederherstellung der alten Geländesituation gearbeitet. Auch über eine Mühle findet sich bei Fritz Reuter ein treffendes Dichterwort, in »Ut de Franzosentid«:

»[…] alles lag in tiefster Ruh', nur das Mühlrad drehte sich ohne Rast und Ruh', es klapperte und jagte. Und von ihm tropfte das Wasser herunter, als wäre es saurer Schweiß. Tief unten aber, im Grund, rauschte der Bach, und Rede wie Sang waren eins und einerlei: ›Es hilft Dir nicht! Es nützt Dir nichts! So lange ich fließe, Welle auf Welle, so lange hast auch Du keine Ruhe.‹«

Noch etwas macht die alte Mühle interessant: Die Frauenwerkstatt, in der mit althergebrachten Techniken kleine Gebrauchsgegenstände entstehen, und die Mühlenschänke, deren Hausmannskost besonders gelobt wird.
Von der »Vier-Städte-Kreuzung«, deren Straßen nach Teterow, Malchin, Waren und Malchow führen, erreicht man auf der zuletzt genannten Chaussee zunächst **Großen Luckow**. Am Beispiel dieses Gutsdorfes soll gezeigt

werden, welche Rolle Gutsdörfer in alter Zeit gespielt haben. Der »Großherzoglich Mecklenburg-Schwerinsche Staatskalender« von 1913 ist genau die richtige Quelle, um Aussagen über die Verhältnisse vor 1919 zu treffen:

Großen Luckow bei Vollrathsruhe; Ritterschaftliches Amt Stavenhagen; Polizeiamt Grubenhagen (zu Malchin); Standesamtbezirk Grubenhagen
Schule, Schmiede, Dampfmolkerei – 52 Einwohner
dazu: Barz bei Vollrathsruhe – 59 Einwohner
Peenhäuser bei Vollrathsruhe – 99 Einwohner
Lehn, in Kreditverein, 1049,4 ha
Besitzer: Ulrich von Maltzan, Freiherr zu Wartenberg und Penzlin

Jenseits des Gutshofs erreicht man das **Schloß** in Großen Luckow. Es gehörte fast 700 Jahre lang, vom Mittelalter bis 1945, der Familie Maltzan. Trotzdem gab es hier im Laufe der Geschichte mehrfache Besitzerwechsel, aber nur innerhalb des großen Stammes. Auch das Haus wurde vielfach umgebaut, zuletzt 1842 im Tudorstil mit mehreren Türmen. Ein englischer Landschaftspark wurde gleich mitangelegt. Seit der Enteignung hatte das Schloß verschiedene Funktionen: Wohnhaus, Heim für junge Mädchen, Verwaltung der LPG, Lehrlingswohnheim. Eine alte, einzigartig schöne Allee bildet den Verbindungsweg nach Barz, das früher zu Großen Luckow gehörte, aber etwas abseits gelegen ist. Der Straßenbelag ist »alt-mecklenburgisch«. Reuter beschreibt, wie es zu seiner Zeit, also vor 120 bis 150 Jahren, ausgesehen hat. Sicher traf auch noch lange danach zu, was er in seinem Roman »Hakensterz« so festgehalten hat:

»Je näher du dem Dorfe kommst, desto langsamer, desto gefährlicher wird die Fahrt. Bei den ersten Häusern angelangt, wird dein bisher sorgloser Wagenlenker mit einem Male sehr ernst [...] er schlägt in sich, räuspert sich, setzt sich fester und, vornübergebeugt, faßt er die Leinen straffer [...] Die Pferde, welche bisher unbekümmert durch den tiefen Landweg gewatet sind, werden vorsichtig wie die Seiltänzer [...] sie tasten ordentlich mit den Hufen und schnauben und schnarchen sich ihre Befürchtungen zu. Bald fährt der Kutscher halbes Geleise, bald volles, bald gar keins, letzteres aus dem Grunde, weil kein Grund vorhanden ist, weil, was man sonst Grund nennt, aus einer chaotischen Masse besteht, aus der sich noch nicht das Feste von dem Flüssigen geschieden hat.«

Das kleine Dorf **Barz** war lange Jahre hindurch der Urlaubsgeheimtip von Privilegierten, gleich ob aus der Politik oder der Wirtschaft. Das so idyllisch gelegene kleine Gutshaus ist in jämmerlichem Zustand, die Fenster gähnende schwarze Löcher, und aus dem Dach wachsen Gras, Unkraut und Bäumchen: Der Teterower Stadtbulle würde hier ein Schlaraffenland vorfinden!

Das nächste Ziel ist **Schloß Grubenhagen**. Dort stört das Zerfallene nicht, im Gegenteil: Der Besuch gilt der alten Schloßruine. Es ist zwar nur wenig übrig geblieben, aber romantisch ist es hier, Maler wären entzückt, würden sie diesen alten, abseits gelegenen Ort entdecken.
Ernst Boll, ein Neubrandenburger Freund Reuters, hat über gerade dieses Schloß Grubenhagen geschrieben. In Zusammenhang mit dem Dorf Gielow und dem Kloster Dargun, nördlich vom Kummerower See, berichtet er über den Edlen Lüdeke Maltzan, der in den vierziger und fünfziger Jahren des 15. Jahrhunderts dem Raubritterdasein frönte:

»Damals nahmen die Fehden der Ritter kein Ende, und das platte Land mußte schwer darunter leiden. Vor allem pflegten die Edlen von Quittow und Putlitz an der Spitze von 1000 oder gar 1200 bewaffneten Schnapphähnen aus dem Brandenburgischen in Mecklenburg einzufallen, um hier zu rauben und zu brandschatzen. Unter solchen Umständen kam der Abt des Darguner Klosters mit dem Edlen Ulrich Maltzan auf Grubenhagen überein, daß der Ritter während der wilden Zeitläufe den Schutz des Dorfes Gielow übernehmen sollte. Die Abmachung ging freilich zu Lasten der Bauern; denn sie mußten außer den bisherigen Abgaben an das Kloster nun auch noch einige an den Grubenhäger entrichten. Um die Mitte des Jahrhunderts hörten die Raubzüge in der Malchiner Gegend auf. Sofort kündigte die Klosterobrigkeit dem nunmehrigen Herrn auf Grubenhagen, Lüdeke Maltzan, den Vertrag. Sie teilte auch den Bauern mit, daß weitere Zahlungen an den Ritter nicht mehr in Frage kämen. Die Gielower befolgten die Anordnung und stellten die Abgaben nach Grubenhagen ein, kamen aber bei dem Maltzan schlecht an. Er zog mit seinen Hilfsleuten nach Gielow, nahm den Bauern gewaltsam Vieh und sonstige Habe fort und ließ alles, was er an Pferden, Kühen, Schafen und Schweinen erlangen konnte, auf seinen Rittersitz treiben.« (4)

Da erscheint das nur wenige Armbrustschüsse entfernte **Kirch Grubenhagen** in einem wesentlich freundlicheren Licht. An dieser wehrhaft wirkenden Kirche, deren Friedhof bis an die Straße reicht, sollte man nicht achtlos vorbeifahren. Schon bei Edmund Schroeder kann man lesen:

»Hinzu kommt, daß die Mecklenburgische Schweiz das Land der schönen, das Landschaftsbild mitbestimmenden Dorfkirchen ist. Da ist die wie eine Burg von hohem Berge aus das Land beherrschende Kirche von Kirch-Grubenhagen.« (18)

Steigt man die vielen Stufen hinauf, stört es kaum, daß sie voller Gras und ausgetreten sind. Oben wird man für die Mühe belohnt durch die Aussicht auf den Malchiner See und die Landschaft des Malchiner Beckens. Über die Geschichte des Kirchenbaus informiert eine Broschüre des Pfarramtes:

Kirche in Grubenhagen

»Vom Kirchhügel haben Sie eine schöne Aussicht auf den Malchiner See und die Landschaft des Malchiner Beckens im Osten und im Nordosten auf der Endmoräne sehen Sie Burg Schlitz. In ihrem baulichen Grundbestand stammt diese Kirche, wie man an den Elementen des Übergangs vom romanischen zum gotischen Baustil erkennen kann, aus der ersten Hälfte des 13. Jahrhunderts. Sie ist damit eine der ältesten Kirchen in diesem Bereich […]. Ursprünglich hatte sie die Funktion einer Wehrkirche. Ihre jetzige Gestalt erhielt die Kirche durch den Umbau von 1861, der von Carl von Maltzan initiiert wurde. Der Chor wurde um eine polygonale Apsis erweitert, die romanischen Schlitzfenster wurden zugemauert und die Fenster neu gestaltet. Auch die innere Ausstattung stammt zu großen Teilen aus dieser Zeit. In der Zeit der Reformation spielte diese Kirche eine besondere Rolle. Der Ritter Dietrich von Maltzan studierte 1512 in Wittenberg und war seitdem mit Luther und Melanchthon befreundet. Schon lange vor der offiziellen Einführung der Reformation in Mecklenburg auf dem Landtag in Sternberg 1549 ließ er evangelische Prediger aus Wittenberg nach Grubenhagen kommen. Ein Briefwechsel zwischen Dietrich von Maltzan und Luther und Melanchthon ist überliefert.«

In Sternberg wurde 1549 an der Sagsdorfer Brücke die Mecklenburgische Landeskirche begründet. Der Malchiner Kunstmaler Fritz Greve hielt in

einem großen Wandgemälde, das in der Sternberger Kirche zu besichtigen ist, den Augenblick fest, als der im Namen der Fürsten sprechende herzogliche Kanzler die Versammelten mit eindringlichen Worten zum Bekenntnis für Gottes Wort und Luthers Lehre zu gewinnen suchte. Das gelang! In ihrem Brief an Kaiser Karl V., der nach seinem Sieg im Schmalkaldischen Krieg (1546/47) die evangelischen Reichsstände wieder fester an die Kandare nehmen wollte, heißt es am Schluß:

»Wenn der Kaiser so befiehlt und Gott anders, was meint Ihr, sollen wir tun? Der Größere ist Gott. Verzeih, o Kaiser; Du drohst mit dem Kerker, Gott droht mit der Hölle.«

Von hier in Richtung Malchow gelangt man nach einer Rechtskurve auf eine steil aufwärts führende Dorfstraße und erreicht auf ihr **Vollratsruhe**. Das Schloß ist heute noch sehenswert, der Blick nach Südwesten in die Mecklenburgische Schweiz unvergleichlich.
Über Jahrhunderte war das **Schloß** der Herrensitz der Familie von Maltzan; seit 1880 der Familie von Tiele-Winkler gehörend, ist es lange nicht gepflegt worden. Schloß und Park wirken verlassen und vernachlässigt. Das hübsche, originell gebaute Kutscherhaus verfällt. Und dem Schloß wird es nicht anders ergehen, wenn nicht bald etwas geschieht. »Dat ward!« versichert ein alter Dorfbewohner, »dei Baron wir ja all hier!«
Es wäre nicht das erste Mal, daß diese Familie eine umfangreiche Bautätigkeit entfaltet. Bald nach dem Ersten Weltkrieg errichtete sie an glei-

cher Stelle getreu dem Vorbild das neue Haus, weil das alte 1918 abgebrannt war. Großartig ist der Blick von der gut erhaltenen alten Parkmauer. Burg Schlitz ist in der Ferne zu sehen, und im Vordergrund verläuft eine prachtvolle Allee nach **Hallalit**.

Da sie Kopfsteinpflaster hat, muß man langsam fahren und hat Zeit, die Landschaft zu genießen. Der eigenartige Name des kleinen Ortes soll aus der Jagdsprache kommen, vom französischen »ha la lit«, zu deutsch: »da liegt er«. Möglich wäre das schon bei diesem von alters her idealen Jagdrevier im Quellgebiet der Westpeene mit seinen weiten Wäldern und Niederungen. Genau wie Vollratsruhe gehörte auch dieses Dorf zunächst lange Zeit denen von Maltzan und dann ab 1877 der Familie von Tiele-Winkler, die sich durchaus der Industrialisierung der Landwirtschaft gewachsen zeigte. Eine Brennerei im Vorwerk Hallalit war der Beweis. Im Dorf selbst ist eigentlich nur eines interessant, »dat lange Hus«, das um 1860 aus Feldsteinen für 16 Familien erbaute längste Haus weit und breit. 108 Meter mißt es! Verschiedene Wege führen zur Straße, nach Vollratsruhe zurück.

Wer noch etwas Besonderes sehen möchte, kann einen Besuch im **Dendrologischen Garten** von **Blücherhof** machen, denn er ist eine echte Rarität, die über die neu bepflanzte Straße nach Klocksin gut zu erreichen ist. Am Ortseingang rechts fällt schon von weitem ein künstlerisch geschmiedetes Parktor auf: »1908 in Bad Godesberg hergestellt«. Wieso dort? Gab es in Mecklenburg keine Kunstschmiede? Der »Staatskalender« hat auch hierauf eine Antwort: »Besitzer: Professor Dr. Alexander König (Wohnsitz Bonn).«

Dieser weltweit bekannte Ornithologe und Zoologe brachte von seinen Reisen wertvolle Andenken aus der Pflanzenwelt mit. Es wurden so viele, daß in Blücherhof um 1900 ein besonderer Garten angelegt werden mußte, der sich bald zum Dendrologischen Garten mit 200 Gehölzen aus allen Erdteilen auf einer Fläche von 8 ha entwickelte. Wenn sich auch nicht alle der damals gepflanzten Arten an hiesige Klimabedingungen anpassen konnten und andere Opfer der Kriegs- und Nachkriegszeit wurden, ist er immer noch großartig und sehenswert. Unter anderen findet man Urwelt- und Riesenmammutbäume, nordamerikanische Sumpfzypressen und Douglasien, Virginische Wacholder, japanische Schirmtannen und Gingkos. Es gibt Namensschilder an vielen Bäumen und Schautafeln zur Orientierung; der Arten sind viele, der Weg ist lang, allein ein Kilometer im Park. Und eines darf man nicht übersehen oder überhören, die artenreiche Vogelwelt: Sprosser und Nachtigallen, Bergfinken und Seidenschwänze, Teichhühner und Schnatterenten.

Wer sich aber mehr für Gebäude interessiert, erkennt in dem kleinen Schloß und dem weiteren Gutshof mit den großen Wirtschaftsgebäuden noch das ehemalige Ritter- und Mustergut.

Nächste Doppelseite: Malchiner See bei Wendischhagen

Rund um den Malchiner See

Ausgangspunkt: Teterow, Länge ca. 56 km

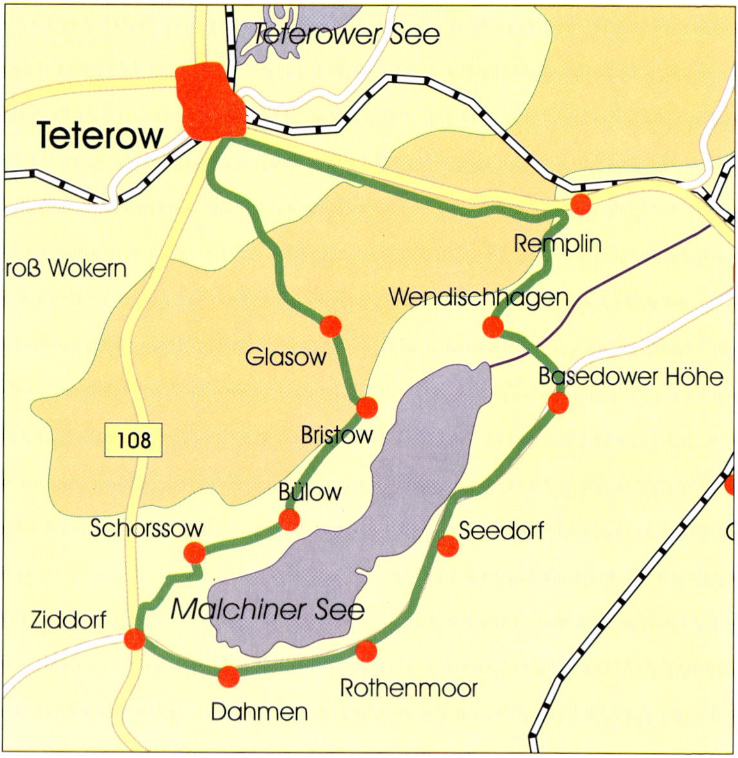

Viele Wege führen von Teterow oder auch von Malchin an den Malchiner See: bei Wendischhagen, bei Bülow, bei Bristow oder Dahmen, dem vor Jahren so beliebten Badestrand der Teterower. Der erste der genannten Zugänge führt über die B 104 nach Malchin. Geradeaus geht es den gefürchteten **Panstorfer Berg** hinab. Direkt unten, am Fuße des Ziegenberges, zeigt ein Wegweiser rechts nach Wendischhagen. An dieser Stelle soll das Stichwort »Wenden« erläutert werden. In der 1919 erschienenen »Geschichte Mecklenburgs« von Otto Vitense heißt es über die Wenden:

»Die Slawen, mit germanischer Bezeichnung ›Wenden‹ genannt, gehören wie die Germanen und Römer zu der großen indogermanischen Völkerfamilie. Um das Jahr 600 haben sie das ganze ostelbische (von den Goten und anderen ostgermanischen Völkern verlassene) Gebiet und somit auch Mecklenburg besiedelt. Damit beginnt auch der Name Wenden ausschließlich auf die slawischen Bewohner dieser neuen Siedlungsgebiete überzugehen. Wie sich die Besiedlung des Landes durch die Slawen im einzelnen vollzogen hat, ist unbekannt. Das Fehlen jeglicher Sage und jeglichen Heldenliedes macht eine Besetzung des Landes, das wohl von den germanischen Bewohnern ziemlich verlassen wurde, ohne Kampf und Streit wahrscheinlich. Die noch vorhandenen Germanen verschmolzen sehr schnell mit den Slawen, die Mecklenburg alsdann zu einem so völlig wendischen Land gemacht haben, daß später um 1200 keine Reste irgendwelcher Art aus der ersten germanischen Zeit vorhanden waren, an die die Wiedergermanisierung des Landes etwa hätte anknüpfen können.« (23)

Diese Erkenntnisse decken sich mit der schon ein halbes Jahrhundert vorher von Fritz Reuter im »Hakensterz« dargelegten literarischen Version, die bei der »Wiedergermanisierung« ansetzt:

»Du siehst, es ist ein schönes Stück unserer Gotteswelt, mit seinen Feldern und Wäldern und allen Hügeln und Seen, und nicht zu verargen war es den alten Heiden und Wenden, daß sie es sich ausgesucht hatten, und daß sie dasselbe mit nackter Brust gegen die eisengeharnischten Ritter Heinrichs des Löwen verteidigten. Mancher Blutstropfen von Fürst und Volk ist düngend auf die Erde gefallen und hat sich mit den Wassern der Seen gemischt, denn an ihren Ufern vor allem wurde der Kampf gekämpft, und so wie der Wende zuerst nach Fluß und See und Teich blickte, wenn er sich ansiedelte, so verließ er das geliebte Element auch zuletzt.«

Das gilt im Gebiet dieser drei Seen sowohl für Verchen am Kummerower See, wo 1164 der große Abwehrkampf der Wenden erfolgte, für den Teterower Burgwall 1171, als auch für Wendischhagen, an das damals der Malchiner See heranreichte. In dieser Zeit und in den nächsten Jahrzehnten erfolgte eine unvorstellbare Zerstörung des Wendenlandes, dessen hiesiger Teil Circipanien hieß. Es fiel zu Beginn des 13. Jahrhunderts an die Kirche. Die Kolonisation drängte weiter gen Osten. So schrieb Lisch u. a.:

»Die christliche Geschichte des östlichen Mecklenburgs beginnt erst mit der Germanisierung des Dorfes Wargentin, das ja auf der Basedower Feldmark direkt am Malchiner See lag.«

Der Name **Wargentin** ist in einer Urkunde von 1215 erhalten, in der auch Malchin, damals noch ein Dorf und sicher kleiner als Wargentin, zum ersten Mal urkundlich vorkommt. Nach diesem Dokument wurde das Dorf mit dem halben Wargentiner See (heute Malchiner See) an ein Kloster in der Altmark verschenkt. Von dort wurde schon früh der Bau einer Kirche veranlaßt. Die wendischen Ureinwohner jedoch lehnten die neue Gottesverehrung ab. Die meisten zogen fort, nur wenige ließen sich zur Taufe zwingen. Das Kloster befahl den Bauern, weiter zu roden und ein neues Dorf anzulegen, vor allem für die vertriebenen Wenden. So gab es ein Deutsch- und ein Wendisch-Wargentin. Wann aber und wie die Namensänderung erfolgte, inwieweit überhaupt Identität bestand, das ist heute kaum mehr nachzuvollziehen, und es gibt darüber unterschiedliche Auffassungen. Zum Verschwinden des Dorfes Wargentin sagt Lisch nur lakonisch: »[…] ein erst im Jahre 1788 völlig eingegangenes Kirchdorf.« Nachgewiesen ist aber, daß zwischen den beiden Dörfern Wendisch-Wargentin und Wendischhagen als Verbindung ein Damm durch die Peeneniederung geschaffen wurde. In der Nähe der Peenebrücke soll eine Burg gestanden haben. **Wendischhagen** besteht nur aus einzelnen Gehöften, von denen einige mit neuem Inhalt Bedeutung erlangten, so der »Reiterhof« und die Künstlerwerkstatt. Fährt man an der Abzweigung nach links, entdeckt man eine lange und dichte Buschreihe, hinter der der **Dahmer Kanal** verläuft, der erst in jüngerer Vergangenheit wegen der beiden Zuckerfabriken in Malchin und Dahmen erbaut wurde. Es ist erstaunlich, wie flach und schmal er ist. Obwohl immer wieder Instandhaltungsarbeiten vorgenommen werden, scheinen Kraut und Büsche von beiden Seiten Überhand zu gewinnen. Heute dient der Kanal nur noch ein paar Fischern und einer doch recht beträchtlichen Zahl von Bootsfahrern und anderen Wassersportlern, rein wirtschaftlich wäre er wohl schon überflüssig. Zur anderen Seite aber hat der Kanal – auch ohne die Zuckerfabriken – immer eine größere Bedeutung gehabt. Durch ihn und durch die West- und Ostpeene kommt bei Malchin eine ganze Menge Wasser zusammen, welches dann als Peenekanal in den Kummerower See hinein und als Peene wieder aus ihm heraus die direkte Verbindung zur Ostsee herstellt. So konnte Malchin etwa bis 1940 immerhin noch »Hafenstadt« sein.

An dieser Stelle hat man die Niederung verlassen und kommt auf die **Basedower Höhe**. Die Rundtour führt nach rechts auf den Höhenrücken.

Blick von der Basedower Höhe auf das Malchiner Becken

Bald hinter der nächsten Abzweigung fällt rechts schon längere Zeit der Malchiner See ins Auge und verlockt dazu anzuhalten, um dieses seltene Flachlandpanorama zu genießen. Der Rostocker Studienrat Schroeder hat vor etwa 40 Jahren geschrieben, was noch immer nachzuempfinden ist:

»Es muß einer ein ganz verhärtetes Herz haben oder stumpfsinnig geworden sein, wenn er je den Blick vergißt, der sich bietet, wenn man vom Rande des Basedower Sauparkes aus, vor sich die Seenflächen, zwischen ihnen das satte Grün des verbindenden Wiesenlandes, links in der Ferne Burg Schlitz und rechts, über die Basedower und Rempliner Wiesen hinweg, die aus der smaragdenen Ebene dunkel aufsteigenden Höhen des Landes Hardt erschaut. Wiese, Wasser, Wald und Berg im harmonischen Ausgleich, in einem Zusammenklang, der in seiner reinen und durchsichtigen Klarheit ans Herz greift. Schweigen liegt über dem großen Landschaftsbild, das in stiller Sprache von dem Gegeneinanderwirken gewaltiger Kräfte erzählt.« (18)

Auch vom nächsten Dorf aus, **Seedorf**, bietet sich eine ähnlich schöne und beeindruckende Aussicht, vielleicht eine noch umfassendere, denn diese alte Siedlung liegt, wie ihr Name vermuten läßt, ganz nahe am See, in der Mitte des relativ langen Seeufers. Seedorf hat, wie so viele andere auch, einen jahrhundertelangen Dornröschenschlaf gehalten, sogar Dornenhekken gibt es hier! Es war nicht einmal Gutsdorf, nur Nebengut oder eine Art Vorwerk von Basedow. Der bereits zitierte Staatskalender von 1913 vermerkt als erwähnenswert nur die 83 Einwohner und eine Schule. Natürlich war das eine typisch mecklenburgische Schule mit allen acht Jahrgängen in einem Raum, also eine Klasse mit einem Lehrer! Alles Leben spielte sich linksseitig der Straße ab. Rechtsseitig, von der Chaussee bis zum Seeufer, war noch nichts erschlossen. Das war auch nicht nötig, denn es gab ja noch keine Urlauber. Bis zum Beginn des letzten Krieges zeltete an der schönsten und saubersten Badestelle weit und breit nur eine Malchiner Familie. Das änderte sich erst lange nach dem Krieg, in den sechziger Jahren, dann aber schlagartig. Bungalows schossen wie Pilze aus dem Boden. Die Urlauber kamen aus den verschiedensten Gegenden der DDR, nicht nur aus dem Norden.

Von Seedorf führt ein Fußweg in das »Saupark Basedow« genannte Waldgelände mit reichen Buchenbeständen, in dem bis zu 60 m hohe Rücken mit tiefen Rinnen abwechseln. Bei Ausgrabungen konnte 1958 eine früheisenzeitliche slawische Höhenburg (um 800 v.u.Z) festgestellt werden. Sie war etwa 200 m lang und durch einen 1,5 m hohen Wall geschützt. Dessen Reste sind im Westen, aber auch an den Längsseiten noch zu erkennen, während ein turmartiges Wallstück und zwei davorliegende Gräben die ehemalige Verteidigungslinie erahnen lassen.

Zurück zur **Deutschen Alleenstraße**. Sie ist an diesem Abschnitt besonders idyllisch. Prächtige Ahornbäume, Birken, Kastanien und Linden wechseln einander ab. Die Kastanien werden auf 70 Jahre, alle anderen Bäume sogar auf 90 Jahre geschätzt. Und alles, was rechts und links zu sehen ist, paßt so recht in dieses fast märchenhafte Bild. Die Schmiede, die schon zu **Rothenmoor** gehört, ist sehr eigenwillig erdacht und gebaut worden, anders als die viel bewunderte in Burg Schlitz, aber nicht weniger eindrucksvoll und interessant. Das Gebäude links ist wahrscheinlich eine Försterei gewesen. Manchmal wird es auch als alte Schule bezeichnet, denn in den ersten Jahren nach 1945 waren Försterei und Schule unter einem Dach, beide in der Hand einer Familie. Aber zuvor, zumindest vor 1919, muß die alte Schule weiter oben im Dorf gewesen sein. Es gab nur diese eine für Rothenmoor und Dahmen, denn beide Dörfer gehörten einem Besitzer. Das Dorf ist nur klein, das Herrenhaus einfach. Das erklärt sich daraus, daß es noch das erste ist, das die Stürme der Zeit überstanden hat. Schon am Ende des 17. Jahrhunderts ist es auf noch älteren Bauten errichtet worden. Von der zweiten Hälfte des 19. Jahrhunderts bis 1945 war es im Besitz der Familie von Tiele-Winkler. Danach diente es, wie andere Herrenhäuser auch, den verschiedensten Zwecken: Wohnung für Flüchtlinge, Konsum, Kindereinrichtung, LPG-Verwaltung. Von dem interessanten Burgtal Rothenmoor aber sprach niemand. Es ist eine etwa 750 m lange Erosionsrinne, die in den Südrand des Malchiner Becken eingeschnitten ist. Bemerkenswert sind der Baumbestand (Eschen, Erlen) und die Bodenflora. Im sumpfigen Grund sind noch Reste der um 1895 hier angelegten Forellenteiche zu erkennen. Der nächste Ort auf der Strecke ist **Dahmen**, das vielerlei zu bieten hat. Gleich hinter dem Ortseingang rechts liegt eine Bungalowsiedlung, von der man einen guten Überblick über die langgestreckte Wasserfläche hat. Auf der anderen Seite sind die Dörfer Schorssow und Bülow zu erkennen, die anschließend beschrieben werden. Nahebei liegt auch der Internationale Zeltplatz. Der Fußweg verläuft ein Stückchen am See entlang und führt dann hinauf in eine Nebenstraße. Hier sind ehemalige »Arbeiterhäuser« und einige andere Gebäude (wie die heutige Jugendherberge) zu finden, die einmal zu einer Zuckerfabrik gehört haben. Die roten Ziegel, aus denen die niedrigen Häuser gebaut sind, erinnern an die Malchiner Fabrikstraße, die ja auch zu einer Zuckerfabrik gehörte. Dieser Teil des Dorfes wäre nach dem Urlauberzentrum gewissermaßen Dahmen II. Und wieder zeigt das Dorf ein anderes Gesicht oder sogar zwei, denn die lange Dorfstraße ist auf beiden Seiten sehr unterschiedlich konzipiert: rechts ältere Häuser mit kleinstädtischem Charakter, links schmucke Einfamilienhäuser, die aus den letzten Jahrzehnten oder Jahren stammen. Der alte Ortskern von Dahmen ist größer als der von Rothenmoor. Es hieß früher auch »Rothenmoor bei Dahmen«, obwohl doch dort der Sitz des Freiherrn von Tiele-Winkler war. Im Staatskalender von 1913 ist der Hinweis zu finden, daß Dahmen Poststation war. Die zählte natürlich in der sogenannten Gründerzeit, der Blütezeit des Deutschen Kaiserreiches, fast ebenso viel wie das Prädikat »Bahnstation«. Danach nennt das Nachschlagewerk: 1 Erbpächter, 1 Häusler, die Zuckerfabrik, ein Blau-Kreuz-Heim (Trinker-Rettungsanstalt), Arzt und Kirche.

Die Kirche hat nur einen hölzernen Glockenstuhl, obwohl zu ihrem gotischen Baustil eher ein schlanker Turm gehört hätte. Ansprechend ist sie schon äußerlich: ihre Lage inmitten des Friedhofs, das schöne Portal, das dreiteilige gotische Fenster im Chor. Besonders auffällig sind die ungewöhnlich großen Ziegel, die dem Kenner »Klosterformat« verraten. Auch manch schmückendes Detail ist vorhanden, so die schmiedeeiserne Leuchte an der Außenecke.

Hinter Dahmen führt die Chaussee nach Norden. Von hier, einem leicht erhöhten Standpunkt, hat man den Malchiner See in seiner ganzen Länge von Südwesten bis Nordosten vor sich. Er ist in der Mecklenburgischen Schweiz nach dem Kummerower der zweitgrößte See mit einer Länge von 8,5 und einer Breite von 1,8 Kilometern. Aber nicht nur er allein zieht seit Jahren eine immer noch wachsende Zahl von Wassersportlern und Campingfreunden an, auch die ihn umgebenden Höhen, die es auf 90 Meter bringen, und die ihn umsäumenden Dörfer mit ihren markanten Kirchen und Schlössern gewinnen immer mehr Freunde.

Schon von weitem sind die Kirchtürme von Bülow und Bristow zu sehen, aber davor liegen noch Ziddorf und Schorssow.
Zunächst kommt man an die bereits erwähnte »Vier-Städte-Kreuzung«. Dann fährt man auf der Straße, die hinter der Mühle **Ziddorf** rechts abbiegt, in Richtung **Schorssow**. Auch dieses Dorf hat eine Menge zu bieten. So findet sich hier der Haussee, ein kleiner Bruder des Malchiner Sees. Der Kleine ist auf dem besten Wege, dem Großen »das Wasser abzugraben«. Das liegt sowohl an seinem besseren Wasser als auch an den vielen neuen Anlagen, wie Brücken, Wasserrutsche und Sprungturm.
Die wichtigste Sehenswürdigkeit ist das **Schloß**, das die Moltkes als klassizistisches Herrenhaus unter Einbeziehung des Vorgängerbaus (von 1730) zu Beginn des vorigen Jahrhunderts erbauen ließen. Seitdem hat die dreiflügelige Anlage mehrere Besitzer, zuletzt die von Tiele-Winkler gehabt. 1951 wurde es unter Denkmalschutz gestellt, was dem langsamen Verfall aber keinen Einhalt gebieten konnte. Auch der ehemalige englische Landschaftspark zum großen See hin hat sehr gelitten. Nur noch Reste bezeugen ihn. Ansonsten waren hier Landwirtschaft und Fischerei zu Hause. Beide prägten den Charakter des Dorfes, so zum Beispiel die Fischerkate aus dem 17. Jahrhundert, ein weiß verputzter Lehmbau mit schilfgedecktem Walmdach. Sehenswert ist auch ein **Naturlehrpfad** mit reicher Fauna und Flora. Für Kinder gibt es einen Spielplatz, und eine noch größere Attraktivität sind Ponys, Schafe und Zwergziegen. Zu einer Pause oder auch einem mehrtägigen Aufenthalt geben das »Landhotel Schorssow« und das Erlebnis-Hotel »Schloß Schorssow« Gelegenheit. Ein weiteres Ziel sind die Reste einer Feldsteinkirche, zwischen Bäumen und Sträuchern verborgen. Auch auf sie hatte Schroeder schon hingewiesen: »Da liegt im Park von Schorssow die (Ruine) einer uralten Feldsteinkirche [...]«
Diese Kirche ist nicht durch einen Krieg zerstört worden. Zu Beginn des 16. Jahrhunderts war es, als ein Volrath Preen in die in dieser Gegend sehr begüterte Familie von Maltzan einheiratete. Lang und heftig war ihr Streit um den Besitz des Gutes, in welchem der Schwager *»das Oberste zuunterst und das Unterste zuoberst gekehrt, und schon vor 1520 die schön gewölbte und mit einer Orgel versehene Kirche, ohne danach zu fragen, hatte einreißen lassen.« (Schlie)*
Als Kontrast zu der Ruine in Schorssow steht in **Bülow** eine gut erhaltene und schöne Kirche. Sie ist eine der ältesten des Landes, aus der zweiten Hälfte des 13. Jahrhunderts. Im Übergang vom romanischen zum gotischen Stil errichtet, zeigt sie die bekannten frühgotischen Merkmale. Der Feldsteinbau hat ein abgewalmtes Dach, der Chor schließt glatt ab und hat auf der Ostseite ein dreiteiliges Fenster. Besonders sehenswert ist das Kirchen-

Rechte Seite: Fischerkate von 1700 in Schorssow

Dorfstraße

innere: Das Kreuzgewölbe mit Rippen im Chor, die »Pastorpforte« im Süden, der Triumphbogen zwischen Chor und Langhaus und die Kleinkunstwerke. Vor dem Dreißigjährigen Krieg gab es in Bülow noch 16 Höfe, zwölf Vollbauern und vier Kossaten. Als danach die von Maltzahn auch dieses Gut übernahmen, einigten sie sich »mit der Stadt Malchin über denselben Kamp in oder vor dem Dorfe, den schon Volrath Hanensee (ihr Vorgänger) der Stadt zum Trocknen ihrer Netze überlassen hatte.«
Christoffer, Fürst zu Wenden und Herr zu Werle (diese Titel trug u.a. der Großherzog von Mecklenburg-Schwerin bis 1918) schenkte seinem Marschall Ulrich Maltzahn das Patronat der Kirche schon im Jahre 1423. Seitdem ist das Patronat gekoppelt mit dem Besitz von Bülow.
Das letzte Dorf auf dieser Tour ist **Bristow**, das nur wenige Kilometer entfernt ist. Die Strecke, nahe am Malchiner See verlaufend, ist kurzweilig und der Ausblick so angenehm wie von der anderen Seite nach hier. Seedorf liegt gerade gegenüber, und bald wird »die dem ganzen Ort ein fast städtisches Aussehen gebende Kirche von Basedow« sichtbar. Auch die »beschwingte Liebenswürdigkeit der Bristower Renaissancekirche« fällt ins Auge. Ihr soll der erste Gang in diesem Dorf, das so reich ist an Sehenswürdigkeiten, gelten. Sie wurde 1597 als erste protestantische Dorfkirche Deutschlands erbaut und gilt als ein architektonisches Kleinod. Anfang dieses Jahrzehnts war ihr Verfall allerdings so weit fortgeschritten, daß sie gesperrt werden mußte. Nach fünf Jahre dauernden Restaurierungsarbeiten wurde sie zu ihrem 400jährigen Gründungsjubiläum und dem 700jährigen des Dorfes wieder eingeweiht.
Spätestens hier stellt sich die Frage, woran es wohl liegen mag, daß es so viele Dorfkirchen gerade um den Malchiner See gibt. Es sind insgesamt sechs Kirchen: in Alt Panstorf (Ruine), Basedow, Dahmen, Schorssow (Ruine), Bülow, Bristow. Und eben so viele kommen in Sichtweite des Sees noch hinzu, z.B. in Schwinkendorf, Rambow (Ruine), Kirch Grubenhagen. Durch den fast dreihundert Jahre währenden Widerstand der Wenden bedingt, setzte in dieser Gegend die Kolonisation mächtiger, schneller, einheitlicher ein. Landerwerb war zwar immer Sache des Schwertes, aber man brauchte auch eine sichtbare, zusammenführende und sichere Heimstatt – die Kirche. 1062 wurden zwar die Bistümer Ratzeburg und Mecklenburg gegründet, aber der Durchbruch zur Christianisierung blieb aus. 1167–1171 wurde das Mecklenburgische Bistum mit Sitz in Schwerin als Grundlage für die weitere Ausbreitung nach Osten durch bäuerliche Einwanderer aus Nordwestdeutschland, dem Rheinland und aus Flandern eingerichtet. Es erstreckte sich etwa 1178–1200 auf den Westteil des Landes, 1200–1220 auf den Küstenstreifen und vereinzelt auf den mittelmecklenburgischen Raum. Mitte des 14. Jahr-

Rechte Seite: Kirche in Bülow

hunderts erst war die Besiedlung auch in denjenigen Landstrichen beendet, die wegen des schlechten Bodens oder ungünstiger geographischer Lage von deutschen Bauern nur zögerlich erschlossen worden waren und überwiegend noch von slawischen Bevölkerungsteilen bewohnt blieben (u.a. Landesteile um Strelitz und Stargard, also östliche Gebiete).
Bristow wurde im Dreißigjährigen Krieg durch Brandschatzungen der Truppen Tillys zerstört, nur die Kirche und das Herrenhaus überstanden. So vermittelt das Gotteshaus auch etwas von der Geschichte des Dorfes. Errichtet wurde die Kirche aus behauenen Granitquadern, der gestaffelte Ostgiebel und das Obergeschoß des Turmes aber lassen Backsteine erkennen. Über dem zugemauerten Nordportal befindet sich eine Reliefplatte mit Kreuzigungsgruppe. Besonders sehenswert ist die Altarwand mit Reliefszenen aus dem Leben und Leiden Christi. Außerdem gibt es die steinernen Tafeln mit dem bereits erwähnten Testament Werner von Hahns an seinen Sohn zu entdecken. Ein Auszug läßt in die längst vergangene Gedankenwelt und überholte Sprache eindringen:

»[...] auch seinen hertzliebenden Öltern [...] hat der Edler und Ehrenfeste Hans Hahn [...] diese Kirche nicht allein erweitert und renoviret, auch die von seinem seligen Vater izt gedachten Gelt- und Kornhebunge bis anhero richtigk ausgeben und folgen lassen; sondern verpflichtiget sich auch hirmidt, henferner vor sich, seine Lehnsfolger, Erben und Erbnehmen durch gnedige Verleihung des Allmechtigen diese Kirche bei ihrem Einkommen,

Renaissancekirche in Bristow

auch in guten Bau und Besserung zu erhalten und derselbigen viellieber etwas zukehren, als das geringste darvon zu entwenden.«
Nicht nur der Sohn, auch die weiteren Nachkommen haben manches getan, diese Kirche »in guten Bau und Besserung zu erhalten«. Das änderte sich auch nicht, als eine andere Herrschaft Bristow übernommen hatte. So wurde über einhundert Jahre später bei der letzten Renovierung des Kirchturms (1993) aus der Kugel der Turmspitze eine silberne Tafel mit folgender Inschrift entnommen:

»Zu Gottes Ehren und der Gemeinde Besten hat im Jahre 1856 Carl Graf von Bassewitz auf Bristow c.p., Patron dieser Kirche, den Kopf neu vergolden, Thurm und Kirche mit Schifer decken und den erweiterten Kirchhof mit einer neuen Mauer umgeben lassen.«

Der Name von Bassewitz ist auch eng verbunden mit der Modernisierung des Gutes. So ist in einer der Aufzeichnungen der Familie zu lesen:

»Mehrere Wirtschaftsgebäude wurden in Bristow neu gebaut. Dieser Hof suchte damals seinesgleichen in Mecklenburg – nur wunderte sich jeder, daß das Wohnhaus verhältnismäßig klein und bescheiden blieb neben den Prachtwirtschaftsgebäuden. Das war aber wohl der Schlüssel zum Geheimnis des sorglosen Lebens in Bristow, während in den Schlössern der Verwandten und Bekannten viel mehr Aufwand gemacht werden mußte, bei denen die Sorgen dann nicht ausblieben.«

Das Haus blieb »klein und bescheiden«, leider brannte es 1920 bis auf drei Säulen ab. Dafür entschädigt aber die gesamte Gutsanlage. Hier wurde besonderer Wert auf Geschlossenheit gelegt, während architektonischer Aufwand das zweite Kennzeichen ist. Das ist an jedem Gebäude festzustellen, am Marstall, am Verwaltungsbau im Renaissancestil, am Stallgebäude, am Speicher, an der Feldscheune mit schiefergedecktem Krüppelwalmdach, am Mausoleum und nicht zuletzt an dem Hühnerhaus mit Taubenschlag.
Ein Sproß der Familie Bassewitz mit dem Zunamen Levetzow und dem Vornamen Carl brachte es im Großherzogtum Mecklenburg-Schwerin zu höchsten Ämtern und Ansehen: Staatsminister und Kammerherr, Präsident des Staatsministeriums, Minister der auswärtigen Angelegenheiten, des Großherzoglichen Hauses und des Innern, Präsident, Vorsitzender, Ehrenmitglied der verschiedensten Verbände und Vereine und Landesherrlicher Bevollmächtigter zum Bundesrat des Deutschen Reiches. 14 Orden und zwölf Titel hatte er insgesamt!
Von Bristow geht die Straße wieder bergauf, und hinter Glasow erhebt sich ein kleiner mit Nadelbäumen bewachsener Höhenzug.

Nächste Doppelseite: Der Schillersee bei Bergfeld

Die Nordwest-Flanke

Ausgangspunkt: Teterow, Länge ca. 47 km

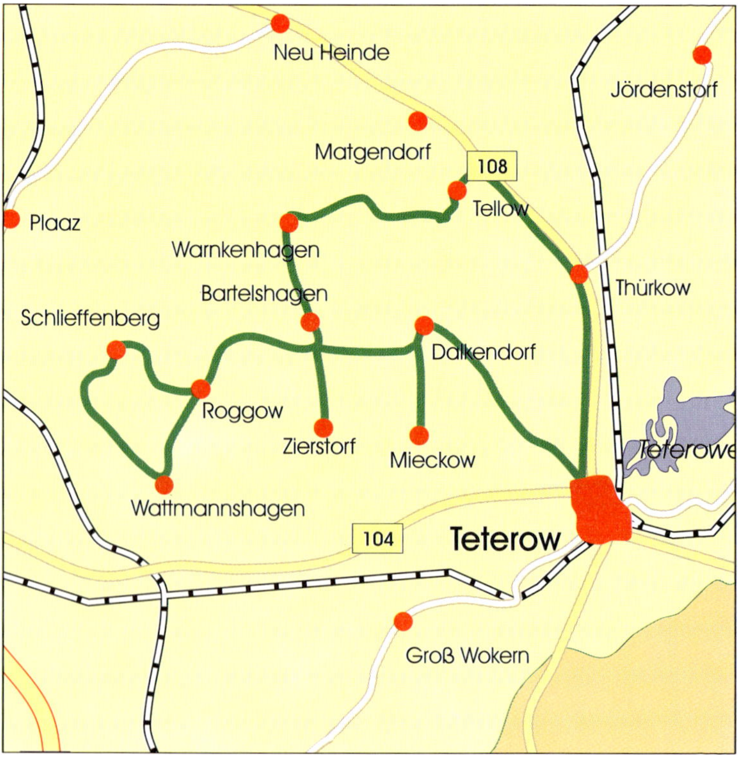

Diese Tour führt in die Nordwest-Flanke der Mecklenburgischen Schweiz, wie Böhmer das Gebiet zwischen Teterow, Warnkenhagen, dem Schmooksberg und Tellow genannt hat. Heute wird diese Region auch als »Agrarhistorisches Dreieck« bezeichnet.
Es sind durchweg kleine Dörfer, die auf dieser Tour besucht werden, aber in ihnen, in ihren Gutshäusern, lebten und wirkten bedeutende Männer – und wie so oft ist auch hier das Leben bedeutender Frauen kaum erforscht und bekannt.
Die Geschichte dieser Dörfer wurde in erster Linie von den Familien von Thünen und Pogge geprägt. Über die letzteren schrieb Reuter in seiner »Urgeschicht von Meckelnborg«:

»Die ersten Einwohner von Mecklenburg waren die Poggen (Frösche – d.A.), und wer in früheren Zeiten einmal bei Herbst- oder Frühjahrszeiten zwischen Wismar und Schwerin oder zwischen Stavenhagen und Malchin die Landstraße entlanggeschwommen ist, der wird mir darin recht geben, daß in solch einer Mehlsuppe von Land und Wasser kein anderes Tier existieren kann als Poggen. Nun, wo Poggen sind, finden sich auch Störche, sagt das Sprichwort, und so trifft es auch hier zu, denn die zweiten Einwohner waren die Störche, und darum ist auch gar nichts dagegen zu sagen, wenn mancher der alten Geschichtsschreiber behauptet, die ersten Bürgerlichen in Mecklenburg sind die Pogges und die ersten Edelleute die Herren von Storch gewesen.«

Zwölf Kilometer von Teterow entfernt, an der B 108 in Richtung Rostock, liegt **Tellow**. Besitzer des Gutes Tellow war die Familie von Thünen. Ein Straßenschild in Teterow sagt über den bedeutendsten Abkömmling dieser Familie: »Dr. Johann Heinrich von Thünen (24.6.1783–22.8.1850), Besitzer des Gutes Tellow (1810–1850) und 1. Ehrenbürger der Stadt Teterow (1848), bedeutender Nationalökonom und Landwirt sowie Agrarreformer mit sozialer Gesinnung«.
In Tellow weist ein Hinweisschild den Weg zum **Freilichtmuseum**. Die Anlage besteht aus einem vollständigen ehemaligen Gutshof, einem Mustergut. Dabei dürfte der heutige Zustand des Hofes und der Gebäude, des Gutshauses und des Parkes keinesfalls hinter dem des vorigen Jahrhunderts zurückstehen.
Die ersten Initiativen zur Einrichtung eines Freilichtmuseums reichen in die 70er Jahre zurück. Eine Handvoll Enthusiasten um den damaligen Lehrer Rolf-Peter Bartz konnte nach Überwindung vieler bürokratischer Schwierigkeiten im März 1972 das Museum an die Öffentlichkeit übergeben. In den Folgejahren wurden schrittweise weitere Komplexe des ehemaligen Gutes vom Museum übernommen. Ein Höhepunkt war die Feier

Gutsbesitzer Thünen inmitten »seiner« Landarbeiter

zum 200. Geburtstag Thünens im Jahre 1983. 1988 wurde das Museum in die Trägerschaft des damaligen Kreises Teterow übernommen, 1990 erfolgte die Gründung der Thünengesellschaft e.V. und 1993 die Zugehörigkeit zur »Kommunalen Kulturstiftung Teterower Kreis«. Es ging beständig aufwärts, so daß heute folgende Komplexe zum Museum gehören: Das Thünenhaus (das ehemalige Gutshaus), der Thünenstall (der ehemalige Pferdestall), in dem sich eine Kunstgalerie und der Gasthof »Zum Thünenstall« befinden, die Neubauernhäuser, die Ausstellungszwecken dienen, sowie die Thünenkate, eine ehemalige Landarbeiterkate, die Thünenscheune nebst Kornspeicher und der Thünenpark mit seinen zahlreichen Wanderwegen.

Hier wird ein historisch gewachsenes mecklenburgisches Gutsensemble gezeigt, wird regionale Landwirtschaftsgeschichte dokumentiert. Die »Nationale Thünengedenkstätte« ist somit eine wichtige Einrichtung zur europäischen Wirtschafts- und Sozialgeschichte. Darüber hinaus liegt diese Stätte in einer idyllischen Landschaft am Rande der Mecklenburgischen Schweiz. Aus der Fülle der Materialien, die im Museum gezeigt werden, soll besonders auf das Relief, das von Thünen inmitten seiner Gutsarbeiter darstellt, auf die Thünenschen Kreise und auf einen Auszug aus seinem Hauptwerk »Der isolierte Staat« hingewiesen werden.

Die wichtigsten Daten aus dem Leben Johann Heinrich von Thünens sind:

1789–1801	*Volksschule, Hohe Schule, Landwirtschaftslehre*
1802–1804	*Akademische Ausbildung, u.a. bei Thaer in Celle*
1810	*Übernahme des verschuldeten Gutes Tellow (465 ha)*
1826	*Sein Hauptwerk »Der isolierte Staat in Beziehung auf die Landwirtschaft und Nationalökonomie« (erster Teil) mit dem Kernstück der Kreislehre erscheint*
1830	*Ehrendoktor der Universität Rostock*
1836	*Wahl zum Direktor des »Mecklenburgischen Patriotischen Vereins« für den Teterower Distrikt*
1850	*»Der isolierte Staat« (zweiter Teil) erscheint*

Von Thünens Wirkungsstätte ist es nicht weit zu seiner letzten Ruhestätte, die auf dem Belitzer Friedhof zu finden ist.
Ebenfalls bedeutend für die Region waren Menschen, mit denen Thünen gut nachbarlich und freundschaftlich verbunden war, seine Nachbarn Carl (1763–1831), Friedrich (1791–1843) und Johann (1793–1854) Pogge, Reformer wie er selbst. Weitere berühmte Mitglieder der Familie Pogge waren der Afrikaforscher Paul Pogge (1839–1884) und Hermann Pogge (1831–1900), der ab 1881 Ehrenbürger Teterows war.
Die Fahrt zu Carl Pogges Wirkungsstätte in **Roggow** führt über Nebenstraßen nach Gottin, Warnkenhagen und Bartelshagen. Die Landschaft ist nicht mehr so abwechslungsreich wie bisher. Obwohl die Karte Höhen zwischen 37 und 58 Metern vermeldet, vermißt man das gewohnte Profil und den Wald. Auch die nächsten Seen liegen weiter südlich bei Wotrum und Raden. Ab Neu Krassow wird die Landschaft abwechslungsreicher, und bald kommt der Schlieffenberger Kirchturm in Sicht.
Mitten in Roggow steht ein großer Feldstein mit der Inschrift:

»Arbeit führt zum Paradiese.
zum Andenken an Carl Pogge
gest. zu Roggow 12. Oktober 1831«.

Arbeit, Fleiß und bescheidene Lebensweise waren sein Lebensinhalt. Seine Bescheidenheit ist noch heute am einfachen Gutshaus zu erkennen. Neben diesem Gut erwarb er im Laufe der Jahre auch weitere, wie Dehmen, Striesenow, Zierstorf, Bartelshagen und Warnkenhagen. Eine seiner Maximen war:
»Auf den Geschmack des Publikums habe ich von jeher bei meiner Pferdezucht die größte Rücksicht genommen, ohne mir dabei selber eine Stimme anzumaßen. Ich bin dabei immer gut gefahren.« Ein weiterer Grundsatz von ihm war: »Der große Mann geht seiner Zeit voran, der schlaue weiß sie richtig auszunutzen, der kluge geht mit ihr auf allen Wegen, der Dummkopf aber stellt sich ihr entgegen.« Von Pogge ist uns das natürlich plattdeutsch überliefert!

Über Krassow geht die Tour weiter nach **Schlieffenberg**, immer den Kirchturm im Blick und davor eine schöne Landschaft mit Hügeln, Wäldern und Seen. Dort, rund um den Schlieffenberger See, wurde bereits 1958 ein kleines Landschaftsschutzgebiet eingerichtet. Die Felder um den Ort weisen auch eine Reihe von Naturdenkmälern auf, vor allem einzelne Stieleichen, deren Umfänge beachtlich sind.

»Und da ist der von dem berühmtesten Kirchenbaumeister seiner Zeit, dem Nürnberger Heideloff, entworfene Kirchenbau von Schlieffenberg, vielleicht die beste neugotische Kirche des Landes, in den Einzelheiten landfremdes Gewächs und doch ein Schmuckstück der Landschaft, ein Beweis für ihre Kraft, auch Wesensfremdes sich untertan zu machen«, so schreibt Schroeder in »Mein Mecklenburger Land«.

Die Kirche, die zwischen geschützten Bäumen steht, ist keine Dorf-, sondern eine Stiftskirche der Familie von Schlieffen. Erbaut wurde sie in den Jahren 1854 bis 1859.

Auf den wenigen Kilometern über Niegleve nach Wattmannshagen führt die Strecke durch eine abwechslungsreiche Landschaft mit viel Wasser: zuerst geht es um den Schlieffenberger See herum, dann zwischen dem Krummen- und dem Warinsee hindurch.

Bald ist die nächste Station erreicht. In **Wattmannshagen** ruht Hermann Pogge, der zweite Ehrenbürger Teterows. Dieser übernahm mit dem Gut Roggow als Landwirt das Erbe seines Großvaters Carl und seines Vaters Johann. Er, der im national-liberalen Sinne erzogen worden war, widmete seine Tatkraft nicht nur den betrieblichen Anforderungen, sondern wirkte als liberaler Demokrat in der Politik mit. Als Landwirt setzte er die Untersuchungen seines Vaters zur praktischen Anwendung der Drainage von Böden auf seinem Gut fort. So kam er mit der Stadt Teterow in engere Berührung, die dringend die von Maulwürfen beschädigten Dämme der neuen Wiesen erneuern mußte. Als Politiker vertrat er in den ersten drei Legislaturperioden des Deutschen Reichstages den Wahlkreis Malchin-Waren, zu dem auch Teterow gehörte. Ein anderes ihm wichtiges Betätigungsfeld war der »Patriotische Verein«, in dem er als Direktor des Maschinensektors wirkte. Der Beschluß, ihm 1881 die Ehrenbürgerschaft der Stadt zu verleihen, war »[...] ein Zeichen der allgemeinen Hochachtung, welche sich Herr Pogge in unserer Stadt durch langjähriges, erprobtes Wirken im öffentlichen Leben erworben hat [...]«.

Nach einem Schlaganfall im Jahre 1886 war ihm ein weiteres öffentliches Wirken nicht mehr möglich.

Im Jahre 1900 wurde Hermann Pogge hier in Wattmannshagen zur letzten Ruhe getragen. In dem einfachen Dorf fallen besonders die restaurierte

Rechte Seite: Kirche in Schlieffenberg

Kirche und die wiederhergestellte lange Mauer um den Kirch- und Friedhof auf. Das Grab Hermann Pogges befindet sich nahe der Kirche, der Psalm auf der Grabplatte gilt der ganzen Familie:

»Ich gedenke an die vorigen Zeiten,
Ich rede von allen deinen Taten,
und sage von Werken deiner Hände« (Psalm 143)
Familie Pogge 1790–1930 zu Roggow

Es gibt noch ein weiteres »Pogge-Dorf«: **Zierstorf**. Dort wirkten zwei bekannte, ja berühmte Familienmitglieder: Friedrich Pogge, der Freund Thünens, und Paul, der Afrikaforscher.

In dem kleinen Dorf braucht man nach dem Pogge-Haus nicht lange zu suchen: Einfach und übersichtlich ist auch diese Gutsanlage, in der die beiden renommierten Landwirte, Vater und Sohn, wirkten. Der Vater war bestens vorbereitet durch Lehre und Praxis auf Gut Roggow, Studium in Holland sowie England und die Leitung eines Pachtgutes. In langen Jahren erwarb er sich große Verdienste in der Merinoschafzucht und um die Vollblutpferdezucht. Aber sein Wirken blieb weder auf Zierstorf beschränkt noch auf die Landwirtschaft, er ging in die Politik. Er trat nicht nur für die Gleichberechtigung zwischen adeligen und bürgerlichen Gutsbesitzern ein, er organisierte 1841/42 auch die ersten Bauernversammlungen in Teterow und Güstrow sowie regelmäßige Veranstaltungen zur Fortbildung bäuerlicher Landwirte. Als Nachfolger seines Vaters war er ein führendes Mitglied im Patriotischen Verein Mecklenburgs und Mitglied des Mecklenburgischen Landtages, wo er bürgerliche Bestrebungen vertrat.

Friedrich Pogges Sohn Paul hatte eine andere Ausbildung als der Vater erhalten. Obwohl er sicher war, daß er ihn in der Führung des Gutes einmal ablösen würde, schloß er ein Jurastudium mit der Promotion ab.

Diese kleine Anekdote stammt aus seiner Gutsbesitzerzeit:

»Dr. Pogge hatte sich aus England einen Vollbluthengst kommen lassen, der auf den schönen Namen ›Sweetmouth‹ hörte. Auf der Rennbahn leistete er aber nicht viel, so daß sein Besitzer ihn zum Verkauf nach Hoppegarten gab. Es zog sich aber sehr in die Länge, bis endlich Nachricht kam: ›Sweetmouth ist verkauft.‹ Doch es kam kein Geld. Dr. Pogge forderte es ein, bekam aber statt dessen nur die lakonische Antwort: ›Sweetmouth hat sich aufgefressen!‹ – Bei jedem späteren schlechten Geschäft hieß es nun in der ganzen Gegend: ›Sweetmouth hat sich aufgefressen!‹«

Auch Paul Pogge war ein erfolgreicher Landwirt, aber es trieb ihn »ein höheres Verlangen«. Nachdem er eine längere Reise nach Südafrika unternommen, auf zwei weiteren Reisen maßgeblich zur Erforschung des Kongogebietes beigetragen und das Buch »Im Reiche des Muata Jambow« herausgegeben hatte, verkaufte er sein Gut, um sich ganz dem Studium und

seiner Forschung in Afrika zu widmen. Dort in Luanda wird seine Grabstätte noch heute gepflegt, aber auch in seiner Heimat nimmt sich ein Verein der Pflege seines Erbes an. Sein ehemaliges Haus ist Sitz des im Dezember 1993 gegründeten »Heimatvereins im Zierstörper Pogge-Hus midden in Mäkelborg e.V.«
Zu Pogges Tätigkeit im schwarzen Kontinent stellte das 3. Tellower Pogge-Symposium im Mai 1995 unter anderem heraus: »Hervorhebenswert ist neben seinen umfassenden Forschungsergebnissen auch Paul Pogges vorurteilsfreie Haltung zu den Eingeborenen des Landes sowie seine Toleranz gegenüber deren Religion, Gebräuchen und Eigenheiten. Anknüpfend an das erfolgreiche Wirken seiner Vorfahren für die Entwicklung der mecklenburgischen Landwirtschaft errichtete Paul Pogge die erste landwirtschaftliche Versuchsstation in Luluaburg, in der er – gemeinsam mit den Eingeborenen – die Nutzung von Haustieren und Kulturpflanzen praktisch erprobte.«
In seinem Gutshaus ist ein erster großer Raum als Erinnerungsstätte entstanden, den vor allem Exponate aus seiner Afrikazeit interessant machen. Auch das ihm in Rostock gewidmete Denkmal, das 1947 mit der lakonischen Begründung »Gutsbesitzer und imperialistischer Afrikaforscher« zerstört wurde, ist im Oktober 1995 wieder hergerichtet und im dortigen Rosengarten aufgestellt worden.

Mit dem letzten der »großen Männer« verhält es sich anders als mit von Thünen und den Pogges: Weder war er Landwirt noch gibt es für ihn eine Gedenkstätte. Viel ist nicht über ihn bekannt, aber in dem Personenlexikon »Wer war wer in Mecklenburg-Vorpommern« heißt es:

»Dehrmann, Joachim Ehrenreich, geb. 26.2.1728 ***Miekow*** *b. Teterow*
Vater: Einlieger
– 1794 Generalmajor [...] soll 1760 im Gefecht bei Lübbersdorf und Galenbeck Gebhard Leberecht von Blücher gefangen genommen haben«.

Vitense schreibt in seiner »Mecklenburg-Geschichte«:

»Hier entwickelten sich in den nächsten Tagen einige kleine Gefechte und Scharmützel, so besonders vom 27. bis 29. August. Dabei wurde an letzterem Tage bei einem Reitertreffen zwischen Lübbersdorf, Kotelow und Galenbeck der mecklenburgische Junker, spätere preußische Feldmarschall Gebhard Leberecht von Blücher, der damals in dem schwedischen Regiment Mörner Dienst tat, von einem Bellinghusaren ergriffen, gerade als des Junkers Pferd, von einer Kugel getroffen, stürzte. Der Husar faßte ›das Büble‹ beim Kragen, hob es auf sein Pferd und brachte es zum Obersten Belling. Der überredete den Junker, ins preußische Heer überzutreten.«

Vier weitere bedeutende Teterower sollen noch erwähnt werden:

Da ist zunächst der sozial engagierte Pastor Fiedler (1661–1705). Er stiftete der Stadt nicht wenig Land mit der Auflage, dort Schulen zu errichten (Schullegat). Der »Schulkamp« mit ehemals drei Schulen und einem Kindergarten suchte lange seinesgleichen in ganz Mecklenburg und wird heute noch größtenteils für Bildungszwecke genutzt.
Auch Constantin Kirchhoff, der Apotheker (1764–1833), ist zu nennen. Der Sohn des Teterower Apothekers und Postmeisters brachte es bis zum Direktor der Hofapotheke in Petersburg. Als Chemiker gewann er bahnbrechende Erkenntnisse, seine Entdeckung der Stärkeverzuckerung und Stärkeverflüssigung war epochemachend. Der gebürtige Teterower wurde Mitglied der russischen Akademie der Wissenschaften.
Der Jurist Dr. Franz von Pentz (1850–1908), der nach seinen Studien und Examina in Rostock, Leipzig und München zunächst als Amtsrichter im Ratzeburgischen gearbeitet hatte, das seinerzeit zu Mecklenburg-Strelitz gehörte, war von 1880 bis 1908 Teterows erfolgreichster Bürgermeister. Er initiierte und ermöglichte nicht nur den Bau von Straßen und Anlagen sowie die Errichtung von Industriebetrieben, er widmete sich auch sozialen und kulturellen Aufgaben.
Als vierter sei ein Seemann genannt: Karl Kaempff (1855–1939). Er war Erster Offizier, dann Kapitän der Hamburger Großreederei HAPAG und gewann 1906 mit dem Schnelldampfer »Deutschland« als erster Deutscher das »Blaue Band des Atlantik« für die bis dahin schnellste Atlantiküberquerung.

Rechte Seite: Allee bei Alt Panstorf

Folgende Doppelseite: In Lelkendorf

Unterwegs zur Klosterruine Dargun

Ausgangspunkt: Teterow, Länge ca. 59 km

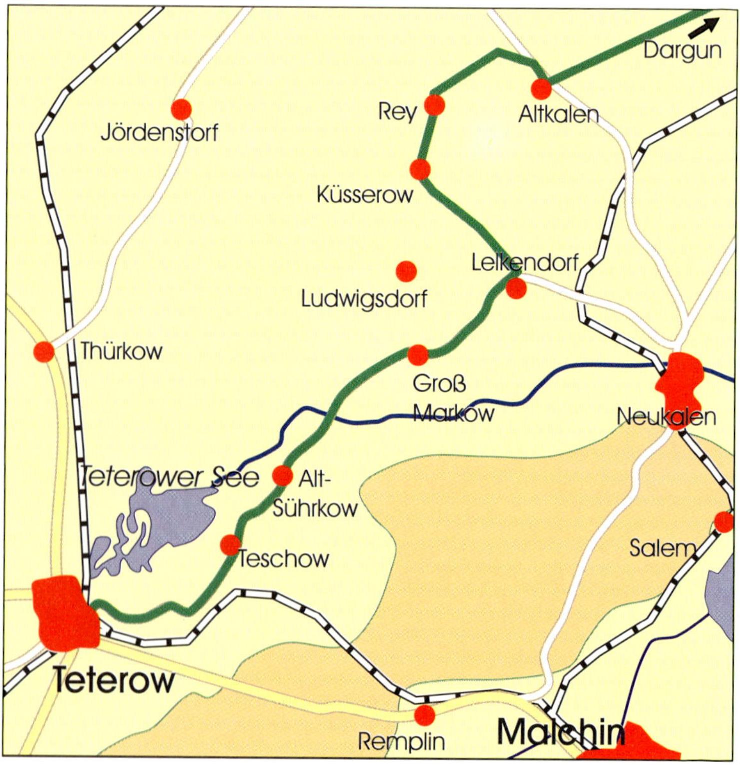

Das für dieses Gebiet zuständige Kloster war Dargun. Es war von allergrößter Bedeutung, denn die Erschließung dieses Teils des ehemaligen Wendenlandes wäre ohne ein solches christliches Zentrum undenkbar gewesen. Die Fahrt dorthin führt über eine gute Nebenstraße in durchweg nordöstlicher Richtung durch Teschow, Lelkendorf, Küsserow, Rey, Altkalen, Dargun. An der kurvenreichen Strecke von Teterow nach **Teschow** liegt links der Teterower See, der an dieser Seite sehr buchtenreich ist. Doch er wird erst bei Teschow sichtbar. Nach links geht es in das Dorf hinein. Und noch einmal links, dann hat man das alte Gutshaus vor sich: von Blücherscher Besitz. An dem verfallenen Haus wurde zwar in der letzten Zeit einiges saniert, aber es bleibt noch vieles zu tun. Eine gerade und ziemlich lange Allee führt zum See hinunter, wo sich ein reizvoller Anblick in drei Ebenen bietet: der stille See, die grüne Burgwallinsel und die Heidberge, deren Waldungen immer ein bißchen dunkel erscheinen. Hier war früher die wohl beste Badestelle des ganzen Sees. Sicher wird sie es wieder einmal werden, aber nur im Zusammenhang mit der Weiterentwicklung des ganzen Dorfes und seiner schönen Anlagen.
Auf dem Rückweg ist es lohnend, einmal um das große Haus herumzugehen, auch durch den Park, und sich die frühere Pracht Teschows vorzustellen. Die Zufahrt geht in eine Dorfstraße über, die unter stattlichen Bäumen bis kurz vor dem Silberberg und dann nach links, nach Alt-Sührkow, führt. Es geht vorbei an der alten Schmiede, die jener in Burg Schlitz ähnlich ist. Sie ist Teil des Teterower Stadtmuseums, da Teschow zu Teterow eingemeindet ist. Diese wichtigste Werkstatt des alten Dorfes wird in letzter Zeit so oft besucht wie nie zuvor, besonders wenn »wedder Backdag« ist. »Dann gifft das frischet Buernbrot, Brötchen un Platenkauken«. Mit oder ohne frische Backwaren, ein Ausflug auf den **Silberberg** lohnt schon wegen des schönen Rundblicks.
Das nächste Dorf ist **Alt Sührkow**. Von den im Staatskalender vermerkten Charakteristika – Dampfziegelei, Schmiede, Dampfmolkerei – ist leider nichts mehr zu finden. Fritz Reuter aber setzte dem Ort ein literarisches Denkmal. Er schrieb einmal an seinen Freund Fritz Peters in Siedenbollentin über sein Werk »Ut mine Stromtid« (dritter Teil): *»Mit Pomuchelskopp ist der Gutsbesitzer Johannes Lembcke zu Alt Sührkow bei Teterow gemeint.«*

Der in der Lokalzeitung am 6. und 16.2.1985 dazu erschienene Beitrag lautet auszugsweise und in Hochdeutsch:

»Nun hieß es weiter, daß Lembcke Johannis 1844 in Alt-Sührkow, dem Gürlitz in der ›Stromtid‹ zugezogen war. Das 643 Hektar große Alt-Sührkow mit Nebengut Hagen, wo nur eine Scheune stand, hatte Lembcke für 75.000 Taler gekauft [...] Das total verhaßte Ehepaar kehrte von einem Fastelabend aus Levitzow nach Hause zurück. Als Lembckes nun auf den Hof

einlenken wollten, wurden sie bei der Schmiede von den zusammengerotteten und erregten Gutsleuten angerufen […].«

Bei Reuter heißt es weiter:

»Pomuchelskopf blickte aus der Glaskutsche heraus und sah alle Dorfbewohner vor sich stehen: ›Was ist dies?‹ – Rührdanz, und mit ihm die ganze Gesellschaft, stand schon an dem Kutschenschlag und sagte: ›Herr, wir haben das so unter uns beschlossen, daß Sie von uns nicht mehr länger als Herr anerkannt werden können, denn Sie haben sich nicht wie ein Herr zu uns benommen und auch schon vorher nicht gegenüber anderen Menschen…‹ – ›Ihr Räuber! Ihr Spitzbuben!‹ rief Pomuchel, als ihm klar geworden war, was die Sache zu bedeuten hatte. ›Was wollt ihr, ihr wollt euch an mir und meinem Besitz vergreifen?‹ – ›Nein, das wollen wir nicht‹, sagte der alte Vater Brinkmann, ›wir wollen Sie nur über die Scheide bringen.‹«

Und so lieferten sie das Paar beim Teterower Bürgermeister ab. Diese Aktion fand im Revolutionsjahr 1848 statt.

Auf halbem Wege zwischen Alt-Sührkow und Groß Markow überquert man auf einer einfachen kleinen Brücke die **Peene**. Nach links, zum Teterower See, woher sie kommt, ist sie recht bescheiden, obwohl man sie streckenweise durch eine Verbreiterung zum Kanal unterstützt hat. Das geschah sicher nach 1860, als die Teterower den See abgesenkt und damit verkleinert hatten. Rechts aber wird sie immer ansehnlicher und auch schneller, weil ihr viele Drainagegräben und Bäche zufließen. Außerdem fällt das Gelände dort ab. Nach einem schneereichen Winter und einem nassen Frühjahr ist es sogar möglich, auf dem Wasserweg von Teterow in den Kummerower See zu gelangen, allerdings nur mit einem Faltboot.
Anschließend gelangt man nach **Groß Markow**. Das Gutshaus stammt aus dem Jahre 1829 und wird seit vielen Jahren als Altenheim genutzt. Dieses Haus und selbstredend auch das Gut mit einem Besitz von 970,5 ha gehörte einer Familie von Levetzow. Große Bekanntheit erlangte Ulrike von Levetzow. Es ist die Ulrike von Levetzow, in die Goethe sich so heftig verliebte. Eine Zeitung aus dem Jahre 1995 schreibt darüber: »Bevor das Schloß gebaut wurde, lustwandelte Ulrike unter anderem in Leipzig, wo sie geboren wurde, und alljährlich mit Mutter und Schwester beim Kuraufenthalt in Marienbad. Dort traf man 1822 den 72jährigen Geheimen Rat und weltberühmten Dichter. Der entbrannte, wie jede gute Literaturgeschichte nicht verschweigt, in heißer Liebe zu der neunzehnjährigen Ulrike und wollte sie gar ehelichen. Doch daraus wurde nichts. 1823, im September, mußte tränenreich Abschied genommen werden.«
Bevor das nächste Dorf, **Lelkendorf**, erreicht wird, bietet sich auf der Fahrt von Groß Markow nach dort eine prachtvolle Aussicht auf die Hardt-

Alte Dorfstraße in Groß Markow

bergregion. Auch Lelkendorf war im Besitz der Familie von Levetzow. Das imposante Schloß aus dem 16. Jahrhundert ist heute wieder Eigentum eines direkten Nachkommen. Das zweigeschossige Gebäude, ein Putzbau im Tudorstil, ist durchaus sehenswert. Kleine Flügel auf der Hofseite und ein später angebauter Turm verleihen Harmonie und Stattlichkeit, während der Park Ruhe und Besinnlichkeit vermittelt. Neu ist der **Tierrassenpark**. Hier haben manche der vom Aussterben bedrohten europäischen Haustierrassen eine neue Heimat gefunden. Zu ihnen gehören Wildpferde, Rinder, Ziegen, Schafe und Schweine selten gewordener Rassen. Unumstrittener Liebling war Bruno, ein Zwergeselskind, das im Juli 1995 anläßlich einer »Messe im Grünen«, zu der der Naturschutzbund Deutschland e.V. nach Lelkendorf eingeladen hatte, getauft wurde. Sein Pate ist der Landwirtschaftsminister des Landes Mecklenburg-Vorpommern.
Und noch eine Attraktion, auf die man sich wieder besonnen hat, besitzt Lelkendorf: die **Schnursteinquelle**. Sie heißt so nach einem Bauern, der sein Gehöft unweit des Dorfes in unmittelbarer Nähe der Quelle hatte. Die weitaus meiste Zeit seines langen Lebens (1869–1973) kannte er weder elektrischen Strom noch eine Pumpe. Das Wasser für Mensch und Tier entnahm er der nie versiegenden Quelle. Sie schien eine besondere Kraft zu besitzen, Gesundheit und ein hohes Alter zu schenken, denn der Bauer

wurde 103 Jahre alt: Heute ist das eisenhaltige Wasser jedem Wanderer eine labende Erfrischung.
Auf der anschließenden Weiterfahrt nach Dargun führt der Weg noch in ein anderes geschichtsträchtiges Dorf, nach Altkalen. Ein kleiner Umweg verläuft durch Küsserow und **Rey**. Dort hat der nach Reuter größte plattdeutsche Schriftsteller, John Brinckman, als Privatlehrer gewirkt. Über den Schriftsteller heißt es im 1993er Lesebuch der Brinckman-Gesellschaft:

»Oktober 1842 bis November 1844 Hauslehrer beim Kammerherrn von Schack auf Rey bei Neukalen; Brinckman fühlt sich als Mensch zweiter Klasse behandelt, sehr geringe Vergütung.«

Daß der 1814 geborene Rostocker ein festes bürgerlich-demokratisches Rechtsbewußtsein hatte, ist seiner Biographie zu entnehmen:

März 1834	*Immatrikulation als Student der Rechte an der Rostocker Universität*
Sommer 1834	*Kontakte zu Greifswalder Studenten; Versuch, in Rostock eine Studentenvereinigung nach burschenschaftlicher Art zu gründen*
September 1838	*Verurteilung »wegen Stiftung eines verbotenen Vereins« zu drei Monaten Gefängnis*
November 1838	*Brinckman erbittet landesherrliche Begnadigung vom Großherzog, der diese gewährt*

Aber noch im gleichen Jahr geht er in die USA, von wo er 1842 zurückkehrt. Seine enttäuschenden Erfahrungen finden 1855 Eingang in seine erste kleine niederdeutsche Versdichtung »Fastelabendpredigt för Johann, de nah Amerika furt will«. Das Gutshaus, in dem er tätig war, existiert nicht mehr; das ehemalige Schulhaus erfüllt seinen Zweck als einklassige Landschule seit etwa 40 Jahren nicht mehr. In der für mecklenburgische Dörfer einstmals typischen einklassigen Landschule wurden alle schulpflichtigen Dorfkinder der Jahrgänge 1 bis 8 in einer Schulstube von einem Lehrer in allen Fächern zu gleicher Zeit unterrichtet! Diesem Schultyp, der erst ab 1950 schrittweise ersetzt wurde, hat Rudolf Tarnow mit seinen heute noch gern gehörten Köster-Klickermann-Geschichten ein bleibendes Denkmal gesetzt. **Altkalen** war in früher Zeit Mecklenburgs ein großes und wichtiges Dorf, denn es lag an der Königsstraße, der »via regia«, die als Handelsweg von der Insel Usedom über Demmin und Dargun nach Rostock führte. Dem damit verbundenen wirtschaftlichen Aufschwung folgte 1244 die Verleihung des Stadtrechts an den Ort Kalen, wie er damals hieß. Das nahegelegene Darguner Zisterzienserkloster brachte für Altkalen Gutes und Negatives: Der Bau einer überdurchschnittlich großen Backsteinbasilika im romanisch-gotischen Stil und die Trockenlegung des Recknitz-Moores waren hervorragende kulturelle Leistungen, aber gleichzeitig setzte mit einer neuen Streckenführung der großen Handelsstraße über Gnoien die wirtschaftliche Stagnation ein. Der Entzug des Stadtrechtes und seine Übertragung an Neukalen war die Folge.

Heute hat das Dorf zwei touristische Attraktionen: Die **Kirche** und die Windmühle. Je näher man dem Gotteshaus kommt, desto besser erkennt man seine überzogenen Proportionen. Kein Wunder, es war ja als Stadtkirche projektiert worden. So gesehen, ist der Bau nie vollendet worden. Vom 13. Jahrhundert bis 1865 bestand er aus dem Kirchenschiff mit Rundbogenfenstern und blendengegliedertem Giebel. Ein rechteckiger Chor wurde dann angefügt. Vor einigen Jahren gab es eine sensationelle kulturgeschichtliche Entdeckung, als Fachleute mittelalterliche Wandmalereien aus der Zeit um 1280 freilegten.
Das zweite Ziel ist die **Holländermühle**, die unmittelbar an der Straße nach Dargun steht. Sie ist wegen ihres heutigen ausgezeichneten Zustandes und wegen ihrer Geschichte, zu der es sogar eine Sage gibt, einen näheren Blick wert:

»Vor langer Zeit hatte sich wieder einmal eine Witwe vom Müller in Altkalen einen Scheffel Mehl geliehen. Etwas später beglich sie ihre Schuld, der Müller vergaß aber deren Streichung und forderte von ihr die Summe noch einmal. Sie aber verfluchte den Müller, er solle nach seinem Tode keine Ruhe mehr finden. So geschah es also, daß in der Mühle, die darob gemieden wurde, der Spuk umging. Ein anderer Müller, der keine Furcht kannte, kaufte den Windbetrieb. Mit Hilfe dreier Prediger wollte er dem Spuk bei-

Klosterschloßanlage Dargun

kommen, was in drei Schritten erfolgen sollte: den Geist rufen, befragen, bannen. Bei der Befragung erfuhren sie auch den Grund des nächtlichen Treibens. Also wurde die Witwe eingeladen, den Fluch zurückzunehmen, wozu sie erst der dritte Prediger bewegen konnte. Der Geist aber verabreichte dem Prediger eine so gewaltige Ohrfeige, daß er an den Folgen verstarb.«

Die Mühle ist seit 100 Jahren in Familienbesitz. Aber schon 1913 brannte sie durch einen Blitzschlag ab. Der Müller gab nicht auf. Er kaufte eine in Wittenförde gebaute Holländermühle auf Abbruch und ließ sie über 130 km mit Pferdefuhrwerken nach Altkalen transportieren. Seitdem wurde ständig modernisiert: 1918 Einsatz einer Lokomobile, 1923 Aufstockung im Typ eines Galerieholländers, 1928 Elektrifizierung, 1956 weitere großzügige Verbesserung des Inneren. Aber dann wurden auch ihrer Produktion Beschränkungen auferlegt: 1960 Mischfutterwerk, dann Produktion für die LPG. Und 1990 kam das Aus. Der vierte Müller in der Familientradition gab genauso wenig auf wie seinerzeit sein Großvater. Seit 1991 sicherten Restaurierungen nicht nur den Zustand und die Existenz der weithin berühmten Mühle, sondern machten sie auch zum Anziehungspunkt für Touristen und Einheimische. Ein prachtvolles Bild bietet sich, wenn sich in einer wunderschönen Landschaft vor grünen Feldern und Wäldern und einem blauen Himmel die weißen Flügel dieser Windmühle drehen! Dann lädt der Müller zu einer Besichtigung des technischen Baudenkmals ein.

Historische Aufnahme des Schloßhofs

Ein alter Snack, der sich auf diese Mühle, die immer so gut in Schuß war, allerdings nicht anwenden läßt, sagt über Windmühlen:

»'ne Windmoehl wir ein Deuwelsding, hett de Möller Kurn, denn hett hei keinen Wind. Hett de Möller Wind, denn hett hei kein Kurn. Un hett hei Kurn un Wind, denn is de Moehl kaputt!«

Die Weiterfahrt von Altkalen über Glasow nach **Dargun** erscheint kurzweiliger als die Fahrt durch die sich fast endlos hinstreckende Hauptstraße des Städtchens. Durch jede Lücke zwischen zwei Häusern hat man einen Blick auf den hübschen kleinen Klostersee. Dargun ist in einem langen Zeitraum aus drei Teilen zusammengewachsen: einem Dorfkomplex, einer Dorfstraße und dem Kloster-Schloß-Zentrum. Dazu schreibt die »Mecklenburgische Vaterlandskunde« von 1857:

»Das heutige Dargun ist aus drei Teilen zusammengewachsen: aus dem Schloß mit seinen Umgebungen und mit der Schloß- oder Klosterkirche, welche zusammen das ursprüngliche, eigentliche Dargun bilden, ferner aus der Neubaute, einer Erweiterung von Röknitz, und aus dem Dorfe Röknitz.«

Das Stadtwappen erklärt eine zweite Dreiteilung:
»Das halbgespaltene und geteilte Wappen zeigt oben rechts in Gold den gekrönten und gehörnten Stierkopf mit Halsfell und roter Zunge, links in Silber einen aufgerichteten roten Greif mit goldener Bewehrung und unten in Blau einen liegenden goldenen Krummstab. Der Greif symbolisiert die

DAS SCHLO

U DARGUN

pommersche Landeshoheit (bis 1236). 1314 kam das Territorium Dargun an die Herrschaft Mecklenburg, die der Stierkopf anzeigt. Der Krummstab gilt dem Kloster Dargun, dem eigentlichen Ursprung und Kern des Ortes. Dieses aber wurde im Zuge der Säkularisation 1552 aufgehoben. Die Anlage wurde ab 1556 als Nebenresidenz und von 1695 bis 1756 als Witwen- und Prinzessinnensitz genutzt und in dieser Zeit prachtvoll ausgebaut. Ende des 16. Jahrhunderts begann der Bau eines Renaissanceschlosses nach dem Vorbild des Güstrower.«

Lisch sah das »**Schloß zu Dargun**« als »eine auffallende Erscheinung«:

»Es bildet ein sehr großes Viereck, welches, wenn auch nicht in allen Theilen zu gleicher Zeit entstanden, doch ein gleichmäßiges Aeußere hat. Vor dem Schlosse ein weiter, leerer, regelmäßiger Platz, rechts der ehemalige, jetzt unter den Pflug gegebene Garten mit den beschnittenen Taxusbäumen, im innern Schloßhofe offene Säulenhallen, welche in bunter Verzierung rings umherlaufen: alles versetzt in die Zeit der alten französischen Baukunst, der auch noch das Innere entspricht. Das Schloß besteht zum großen Theile aus dem alten Kloster oder Kreuzgange, welches sich im Viereck an die Nordseite der Kirche anlehnte. Nur die auf unserem Bilde dargestellte Vorderseite scheint bald nach der Aufhebung des Klosters von Grund neu aufgebauet zu sein.« (12)

Das alles läßt sich heute nur noch erahnen, denn die gesamte Anlage wurde am Ende des Zweiten Weltkrieges ein Opfer der Flammen. Erhalten blieben nur das sogenannte Kornhaus des Klosters aus dem 13. Jahrhundert sowie das kleine Teehäuschen aus dem 16. Jahrhundert.
Wer sich für die Geschichte und die Funde aus der Kloster-Schloß-Ruine noch weiter interessiert, der sollte »**Uns' lütt Museum**« besuchen, das direkt am Parkplatz zu finden ist.
Das Schloß soll in Zukunft zu einem kulturellen Zentrum werden, in dessen Hof schon heute festliche Konzerte stattfinden.

☞ **Uns lütt Museum,** 17159 Dargun, Tel. 039959-20381 und 22381. April bis September: Samstags und sonntags 13.30–16.30 Uhr. Führungen nach Voranmeldung

Rechte Seite: Ruine der Klosterkirche Dargun

Folgende Doppelseite: Bootshäuser an der Peene in Neukalen

Unbekanntes Land Hardt

Ausgangspunkt: Malchin, Länge ca. 32 km

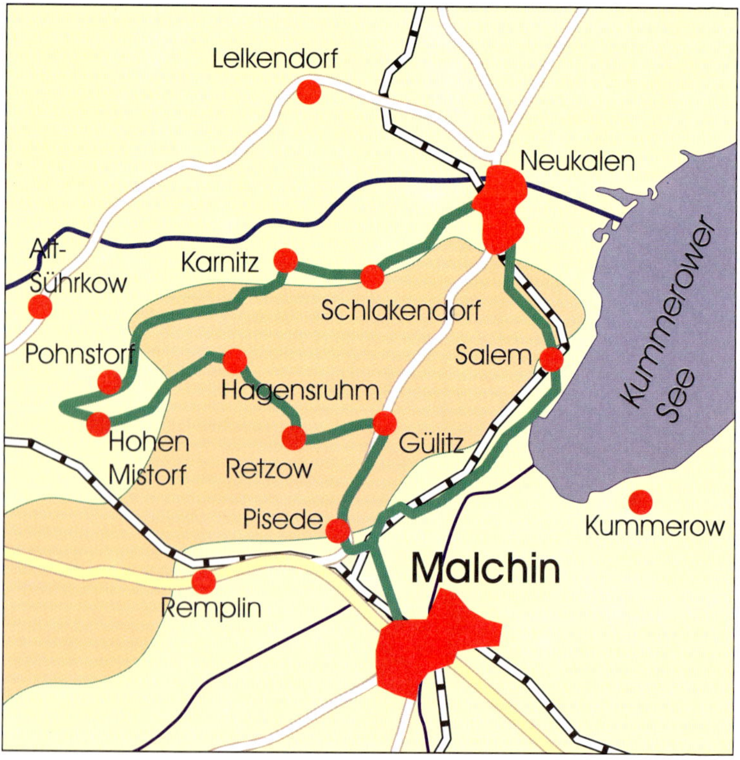

Diese Tour führt durch das Gebiet um einen der höchsten Berge der Mecklenburgischen Schweiz, den Hardtberg. Im frühen Mittelalter gehörte das Land Hardt zu Werle und war durch die gleichnamige Teilung von 1314 vom Lande Kalen getrennt. Beide ehemaligen »Länder« bestehen aus einem Höhenzug.

Es empfiehlt sich, nicht die neue Chaussee nach Remplin zu nehmen, sondern die alte nach Pisede. Das ist ein ganz alter Damm, von dem gesagt wird, daß die Darguner Mönche ihn schon im Mittelalter gebaut hätten. Fest und hoch haben sie gebaut, denn die Wiesen werden immer wieder überschwemmt, und Torfmoore reichen beiderseits bis an die Straße.

Bevor man das kleine Dorf **Pisede** erreicht, bietet sich von Nord bis Nordost ein besonderes Panorama: im Vordergrund Wasserlöcher und Schilfstreifen, im Mittelgrund verschiedene Höhen mit Baumgruppen, dahinter der Höhenzug, der von Wäldern gekrönt wird.

Nach einer Rechtskurve erscheinen ein paar Gehöfte. »**Jettchenshof**« ist zu lesen. Ursprünglich gab es hier kein Dorf, sondern nur zwei Höfe, ist im bereits zitierten »Großherzoglich Mecklenburg-Schwerinschen Staatskalender« zu erfahren. Vor Zeiten gab es hier nur einen Erbpächter und einen Büdner, vor etwa 70 Jahren lebte hier der Kunstmaler Fritz Greve. Er war Malchiner, hatte in Dresden, Frankfurt am Main und Berlin studiert und war danach lange Jahre Lehrer an der Kunstschule Berlin. Seine Heimat aber hatte er nicht vergessen, so ließ er sich in diesem kleinen und schön gelegenen Dorf nieder. Eines seiner bedeutendsten Gemälde ist »Landtag in Sternberg 1549«.

Scharf rechts befindet sich eine schmale Brücke, die über die Bahnstrecke führt. Diese Strecke nach Dargun ist allerdings im Sommer 1996 eingestellt worden. Das gleiche gilt leider auch für zwei andere Linien: Malchin–Waren und Teterow–Gnoien.

Die nächste Ansiedlung, **Gorschendorf** ist nicht weit. Dies ist heute ein kleines Dorf, es muß aber einstmals bedeutender gewesen sein als die anderen in der Nähe, denn es hat eine Kirche. Bei Schlie ist über Gorschendorf und die Gorschendorfer Kirche zu lesen:

»Die Kirche ist ein Neubau der allerjüngsten Zeit. Ihre Vorgängerin war ein schlichter Fachwerkbau vom Jahre 1593 ohne jede architektonische Bedeutung.«

Der Bahnhof ist ein eigenartiges weißes Gebäude, das wegen seiner äußeren Form, besonders wegen seiner Höhe, nicht auf Anhieb als Bahnhof zu erkennen ist.

Der **Kummerower See** rückt ins Blickfeld und ganz rechts, hinter den Buschreihen mehr zu vermuten als zu sehen, der ihm träge zufließende

Peenekanal. Das **Land Hardt** zeichnet sich zur Linken deutlich ab. Es ist nicht ganz einfach, die Berge anhand der Karte zu identifizieren, den Hopfenberg und die anderen Höhen um 60 Meter. Zu sehen sind auch schon das Dorf **Salem** und die neuerbaute Ferienstätte des internationalen Kolping-Familienwerkes.
Zwischen dem hohen Bahndamm und den schmucken Einfamilienhäusern fährt man in das alte Dorf hinein. Am »Fliedereck«, einem schon seit den dreißiger Jahren beliebten Ausflugslokal, oder am Dorfausgang kann man parken.
Ein neuer Aussichtspunkt und der wesentlich höhere **Bataillenberg** bieten einen Rundblick über das Gelände. Den besten Ausblick hat man vom Rande einer kleinen Hochfläche auf dem Bataillenberg. Tief unten liegen das nicht kleine Salem und der Kummerower See in seiner ganzen Größe, elf Kilometer mißt er. Besonders gut ist der Aal aus diesem See, unten im Dorf kann man ihn kaufen! Weit wandert der Blick bis zum anderen Ufer mit den Dörfern (von rechts nach links) Kummerow, Sommersdorf, Meesiger, Gravelotte, Verchen. An der Nordseite kann man den Kirchturm von Demmin erkennen.
Aus der Geschichte ist bekannt, daß der Bataillenberg, der auch seltener Heesterberg genannt wird, ein Kanonenberg, eine Stellung für Artillerie bei einer militärischen Aktion im Jahre 1762 war: Der kleine Preußenkönig mit dem großen Namen hatte sich die halbe Welt zum Feind gemacht, darunter auch Schweden, mit dem Mecklenburg verbündet war. Diese Parteinahme gegen Preußen war dem Schweriner Herzog nicht schwergefallen, denn das Verhältnis der beiden deutschen Länder zueinander war durch die umfangreichen und gesetzwidrigen preußischen Rekrutenanwerbungen in Mecklenburg mehr als schlecht. Auf der anderen Seite erhoffte sich das schwache Land (1300 Soldaten, von denen nur 800 felddienstfähig waren) eine Rückgabe der Stadt Wismar mit den Ämtern Poel und Neukloster, die Schweden seit dem Westfälischen Frieden von 1648 verwaltete. Diese Rückgabe wurde unter zwei Voraussetzungen erwartet: Schweden besiegt in der Koalition mit Frankreich Preußen und erhält weitere preußische Gebiete. Die Übergriffe der schwarz-weißen Werber aber eskalierten ins Uferlose. Auf eine Eingabe der Herzoglichen Regierung reagierte ein preußischer Kapitän: »Die größte Freude aber soll es für mich sein, wenn ich einmal einen mecklenburgischen Geheimrat aus Dömitz zu fassen kriege für meine Kompanie.«
Das Jahr 1761 war das fünfte des Siebenjährigen Krieges. Mecklenburg war zwar Nebenkriegsschauplatz, aber Mitte Dezember zogen 4000 Schweden von Triebsees über Dargun nach Malchin, das kurz vorher vom Korps Belling besetzt worden war. Am 22.12. setzten die Kämpfe ein. Wahrscheinlich am 2. Januar 1762 brachten die Preußen auf diesem Berg zwei Kano-

nen in Stellung und schossen nach Neukalen hinein. Vorher hatten sie dort mehrere Brände gelegt. Aber beide Aktionen halfen ihnen nicht, sie mußten fliehen, und zwar so überstürzt, daß sie sogar ihre schweren Waffen zurücklassen mußten.
Von dieser Höhe führt ein Fußweg über die Marien- und die Friedrich-Franz-Höhe durch einen Wald direkt an die Straße von Malchin nach Neukalen. Der Autofahrer allerdings muß den Weg durch Felder und Wiesen nehmen. Die Fahrt »hinten herum« nach **Neukalen**, zur dritten Stadt der Mecklenburgischen Schweiz, ist wegen der Landschaft mit der Friedrich-Franz-Höhe auf der Ostseite des Höhenzuges interessant. Die steigt beachtliche 99 Meter auf. Von weitem zeigt sich der Kirchturm, eine Windmühle fällt auf, bei näherem Hinsehen ist deutlich festzustellen, daß auch sie zu verfallen droht. Ihre Geschichte ist aber um so interessanter: Neukalen hatte in alten Zeiten eine Wasser- und drei Windmühlen, von denen diese, die durch ihren Standort über der Stadt und dem großen See eine wunderschöne Lage hat, die einzige noch erhaltene und zugleich jüngste ist. Erst 1935 wurde sie nach dem Brand ihrer Vorgängerin erbaut, 1960 durch elektrisch betriebene Walzenstühle modernisiert, danach wurden die nicht mehr benötigten Flügel abgenommen. Sie lieferte um 1980 noch jährlich 100 Tonnen Mehl an die Neukalener Bäcker.
Vor ihr hatten an dieser günstigen Stelle schon andere Mühlen gestanden, so die 1770 errichtete große Holländermühle. Diese wird in dem 1995 erschienenen Buch »Vergessene Mühlen in Mecklenburg-Vorpommern« folgendermaßen beschrieben:

»Die Mühle ist massiv gebaut und 51 Fuß, 6 Zoll hoch. Unten ist die Mauer 7 Fuß, 6 Zoll stark. Oben beträgt die Mauerstärke noch 2 Fuß, 3 Zoll. Das Dach der Mühle ist an den unteren Rändern mit Eichen-Spöhn und an der Spitze mit Blei bedeckt. Von der Galerie aus wird der Kopf der Mühle durch Windblöcke nach der jeweiligen Windrichtung gedreht.«

Diese große und starke Zeugin alter Zeit war erforderlich geworden, weil die Bauern aus Schlakendorf, Karnitz und Lelkendorf die frühjährlichen Überschwemmungen nicht mehr hinnehmen wollten, denn deren Ursachen lagen im Stau des Mühlenwehrs der Neukalener Wassermühle. 1870 wurde sie stillgelegt, 120 Jahre später die letzte Nachfolgerin ihrer Konkurrentinnen.
Noch eine kleine Strecke ist es bis zur Stadt. Am Teich biegt man in die Hauptstraße ein, die auf den Markt zustrebt. Man kann hier oder am **Hafen** parken, mit dem Neukalen in der letzten Zeit Aufmerksamkeit und Anerkennung gefunden hat. Er ist den Architekten gut gelungen und umfaßt ein befestigtes Hafenbecken und Kais, zwei Barkassen zur Personenbeförderung, einige Segelboote gegenüber, ein respektables Haus des Wassersportvereins »Peene«, ein einladendes Motel und gepflasterte Parkplätze.

Auf einem Spaziergang durch den kleinen Park am Peenekanal entlang, um den Markt nun aus entgegengesetzter Richtung zu erreichen, stößt man auf ein Denkmal, das hier einen günstigen Standplatz hat. Es ist relativ hoch, wenn auch ohne Adler. Die Zahlen »1914–18« und »1939–45« sind zu lesen. Der gut erhaltene Mahnspruch »Vergiß, mein Volk, die treuen Toten nicht« stimmt nachdenklich. Er ist von Theoder Körner, geboren 1791 in Dresden, 1813 im westlichen Mecklenburg im Befreiungskrieg gegen das napoleonische Frankreich gefallen. Sein Grabmal und eine Gedenkstätte befinden sich bei Wöbbelin.
Nächste Station ist die einschiffige, gotische **Kirche**. Am schlanken Turm entdeckt man die römische Jahreszahl: MCCCCXXXIX. Gleich nebenan hat das **Rathaus** seinen Platz gefunden, auf dem rechteckigen Marktplatz an der Hauptkreuzung der sich rechtwinklig schneidenden Straßen, was bei der kreisförmigen Gesamtanlage der Stadt besonders auffällt. Die neue Kupfertafel im Vorraum berichtet über die Geschichte der Stadt, die bis 1848 Neukalden hieß.

1281 wurde dem an dieser Stelle gelegenen Dorfe Bugelmast das Stadtrecht Altkalens übertragen, da sich jenes nicht als Stadt entwikkeln konnte und darum wieder zum Dorf wurde. Hier aber entstand und wuchs »Nienkalandt«. Die ganze alte Stadtgeschichte ist gekennzeichnet durch Arbeit und Leid, verursacht durch Seuchen und Feuersbrünste, durch Truppendurchzüge und Kriege. Ein paar Beispiele sollen hier herausgegriffen werden:
1637 war die Einwohnerzahl von 1500 auf 300 bis 400 gesunken.

Historische Ansicht von Neukalen

Urlauberfreundliche Kleinstadt Neukalen

1761 kam es zu dem schon geschilderten Gefecht zwischen Preußen und Schweden.
1363, 1666 und 1676 suchten die drei schlimmsten der insgesamt elf Feuersbrünste die kleine Stadt heim, von der nur Kirchturm und Amtsgebäude verschont blieben.

So konnte sich Neukalen bei allen Mühen und Anstregungen seiner Bürger nicht so entwickeln wie einige Nachbarstädte. Erst 1907 gab es mit dem Bau der Bahnlinie Malchin–Dargun auch hier einen kleinen Aufschwung. In diesem Zusammenhang können ein paar Zahlen interessant sein: Im Jahre 1913 zählten die drei Städte in der Mecklenburgischen Schweiz ihre Einwohner und Häuser:
Neukalen hatte 2164 Einwohner in 429 Häusern, eine Schule und 20 Krankenhausbetten; Teterow hatte 7321 Einwohner in 971 Häusern, drei Schulen und 85 Krankenhausbetten; Malchin hatte 7068 Einwohner in 867 Häusern, zwei Schulen und 40 Krankenhausbetten.
In einem Bogen durch Neben- und Mauerstraßen, an Teilen der ehemaligen Stadtmauer und Umwallung entlang, kann man zum Hafen zurückkehren. Nach einer halben Runde um Rathaus und Kirche in Richtung Malchin biegt man am Hinweisschild »Schlakendorf« nach rechts ab. Dort, wo sich die Straße gabelt, steht ein weiteres **Kriegerdenkmal**, dieses Mal aber mit Adler (1870/71).

Die Landschaft ist wie bereits gewohnt: Wiesen, Wald, Höhen, ab und an ein Dorf, mehr oder weniger an der Straße gelegen. Die Namen der Ansiedlungen kennt kaum jemand: Schlakendorf, das größere und recht gepflegt, Karnitz, das kleinere, in dem schnellstens etwas geschehen müßte. Leider steht auch hier Abriß auf der Tagesordnung.
Dicht an der Straße hinter **Schlakendorf** wurde im ansteigenden Gelände inmitten von Feldern ein kleiner Friedhof angelegt. Eine niedrige, aber gut erhaltene Mauer grenzt den Gottesacker deutlich ab. Selten sieht der Besucher eine so schöne Kapelle. Sie zieht die Blicke auf sich, von weitem kann man sie für eine der kleinen mecklenburgischen Dorfkirchen halten. Auf einem neuen, festen Weg kommt man mühelos nach **Pohnstorf**. Das kleine Dorf ist wegen seiner Höhenlage weithin sichtbar und liegt am Fuße des Hardtberges. Die Häuser an der einzigen Straße und das mit der Front nach Nordwesten liegende Herrenhaus, das seine Fenster auf das tiefliegende Peenetal richtet, müßten restauriert werden. Schräg hinter dem Gebäude, noch höher gelegen, findet man den alten Park, der einmal sehr gepflegt gewesen sein muß. Noch heute markieren vier im Halbkreis angeordnete sehenswerte Säulen den Eingang. Überraschend ist das erstaunlich gut erhaltene **Mausoleum**, ein schweres Eisengitter wehrt Eindringlinge ab. Der Besucher kann hineinblicken und die lebensgroßen Büsten des Besitzerehepaares bewundern, dazu zwei Tafeln mit dem Namen Wessel und den wichtigsten Daten: Bremer Zementfabrikant, verstorben 1905. Eine typische Erscheinung im »Junkerland« zur Zeit der stürmischen Industrialisierung auch in der Landwirtschaft: Dem Adel ging es zunehmend um Kapital, während die Herren der Industrie und der Banken das flache Land und seine Güter entdeckten.

Der weitere Weg soll um den Hardtberg herum führen, denn der Aufstieg ist steil, und die sehr eingeschränkte Aussicht lohnt diese Mühe nicht, darum geht es über **Hohen Mistorf** von Süden her an den Berg heran. Dieses Dorf, eines der größten in der Umgebung, ist unregelmäßig und weitverzweigt angelegt worden, vieles wird durch Büsche und Bäume verdeckt. An der Einfahrt von Norden her gibt es eine Kirche und gegenüberliegend eine alte Schule. Eigenartig ist die Bauweise des Kirchturmes, die sofort auffällt. Interessant sind auch einige Fakten aus der Geschichte, besonders aus der Zeit der Entstehung: frühgotische Ziegelbauweise von Gotteshäusern ist in dieser Gegend inzwischen vertraut, nicht aber dieser Grundriß und diese Proportionen. Auf der Nord- und Südseite ist der Turm schmal ausgeführt, auf der Westseite aber mit der vollen Breite des Schiffes errichtet. Den Abschluß bildet ein nördlich und südlich abgewalmtes Satteldach. Im Inneren begegnet man einem Werk des bereits erwähnten Malchiner Malers Fritz Greve, einem Wandbild zur Bergpredigt, das 1920 entstanden ist.

Aus einer Urkunde geht hervor, daß das Kirchdorf Hohen Mistorf damals zur Diözese Kammin gehörte. Der im Dorf weilende Bischof beurkundete die wichtige Tatsache, daß diese Kirche von dem Ritter Dietrich Moltke zu Schlakendorf bei Neukalen gegründet worden war und von ihm, dem Bischof, von der Mutterkirche zu Schorrentin abgetrennt worden sei.
Auf dem Sand- und Feldweg zwischen Hohen Mistorf und dem **Hardtberg** setzt sich fort, was schon im Dorf zu bemerken war: die vorzügliche Ausschilderung zum 122 Meter hohen Berg, auf dem ein 80 Meter hoher Sendemast steht, sowie in die Nachbardörfer. Die Dichte des Waldes will nicht abnehmen, plötzlich erkennt man ein paar Häuser auf einer Lichtung: **Hagensruhm** mit der stilvollen Anlage des Forsthofes.
Besonders wird den Besucher die lebensgroße Plastik »Keiler und Jagdhund« und die Geschichte dazu interessieren. Sie wird so erzählt:

Vor Jahren hatte sich ein alter Förster im dichten Wald »verschossen«, bevor alle Wildschweine aus dem Jagen geflüchtet waren. Ein großer Keiler nahm ihn, der sich mit Hirschfänger und Büchsenkolben nur schwach zur Wehr setzten konnte, wutschnaubend an. Der Förster ermattete, bis er schließlich stolperte, hinfiel und liegenblieb. Der Keiler über dem Grünrock bereitete schon den letzten Stoß vor, als es im Unterholz raschelte und knackte, knurrte und hechelte – des Jägers Hund. Unverzüglich nahm er den ungleichen Kampf auf, in welchem er den Siegessicheren verletzte und vertrieb. Er selbst überlebte nicht, hatte aber die Genugtuung, seinen geliebten Herrn gerettet zu haben.

Bald ist man in **Retzow**, einem wieder wesentlich größeren Dorf. Sein Charakter ist durch die unterschiedlichen Baustile geprägt. Was aber stört, und daran tragen die Bewohner keine Schuld, ist der häßliche Gerüstmast auf dem nackten **Bobenberg** (105 Meter), den sich seinerzeit die »Partei der Arbeiterklasse« zur schnellen Übermittlung wichtiger Informationen bauen ließ.

Um nach Malchin zurückzukehren, gibt es verschiedene Möglichkeiten: durch das Dorf in Richtung Remplin oder bergab an die aus Neukalen kommende Chaussee. Dabei kommt man am 108 Meter hohen **Harkenberg** vorbei, auf dem in der Vorkriegszeit ein vielbesuchter Aussichtsturm stand. Von seiner Plattform hatte man ein herrliches Panorama der Mecklenburgischen Schweiz vor Augen: vom Malchiner See bis zum Kummerower, dazwischen eine weite Wiesenlandschaft, im Hintergrund die Stadt Malchin.
Nach Verlassen des Waldes hat man wiederum die Wahl, die Stadt links über den alten Damm oder rechts auf der neuen Bundesstraße 104 zu erreichen.

Nächste Doppelseite: Die neue Peene-Fähre bei Aalbude

Um den Kummerower See

Ausgangspunkt: Malchin, Länge ca. 75 km

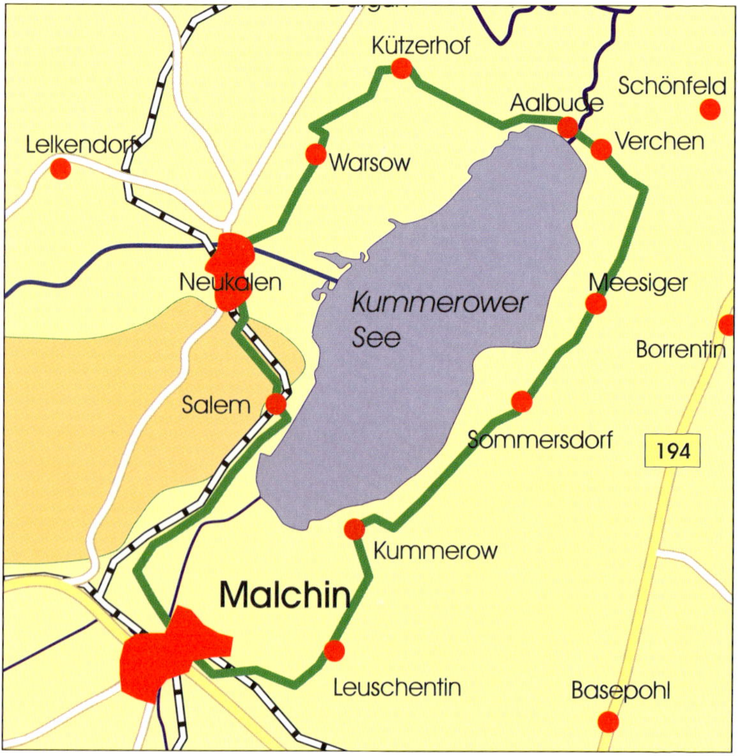

Die Chausseen um den Kummerower See sind teilweise so weit von ihm entfernt, daß er nur selten zu sehen ist. Er liegt in einem großen Straßenviereck, dessen Eckpunkte von Malchin, Dargun, Demmin und Stavenhagen gebildet werden. Will man den Abstand zum See verkürzen, muß man sich mit schmalen Straßen zufrieden geben. Radwanderer benutzen den 1996 eigens für sie geschaffenen Weg, auf dem sie auch bei Aalbude mit der Fähre übersetzen können. Kraftfahrern aber bleibt nichts weiter übrig, als den großen Bogen über Demmin zu schlagen.
Am »Strauchwerder« hinter Malchin biegt man auf dem **Leuschentiner Damm** nach links ab und passiert einige markante Punkte: Die Bahnstrekke Güstrow–Teterow–Malchin–Stavenhagen–Neubrandenburg, die ehemalige Grenze zwischen dem Großherzogtum Mecklenburg-Schwerin und der Provinz Pommern, die Abfahrt links zum »Moorbauern«, einem beliebten Ausflugslokal, idyllisch gelegen am Peenekanal und unweit vom großen See.
Zwischen jener Stelle und dem Dorf Kummerow, in der »Crivitz«, wie man das Moor- und Sumpfgelände nannte, muß irgendwo die Burg »**Kiekindepeen**« gelegen haben. Von einer exponierten Stelle aus beherrschten die Kummerower Ritter, denen sie gehörte, den See und die Peene. Aus den Rittern wurden im Laufe der Zeit Raubritter, aus ihren Fehden Raubzüge, bis die Burg durch die Truppen des Herzogs im Jahre 1330 gestürmt und zerstört wurde.
Hinter **Leuschentin** hat man von Bergeshöh den ersten wundervollen Blick auf und über diesen größten See weit und breit. Im Nordwesten sind die Waldhöhen des Landes Hardt zu erkennen, rechts schließen sich Peeneniederung und Wiesen bei Neukalen an, »Schlakendorfer Zunge« genannt. Der See ist faszinierend: Er ist 33 Quadratkilometer groß, elf Kilometer lang und bis zu vier Kilometer breit; seine durchschnittliche Wassertiefe beträgt 25,5 Meter, der Wasserspiegel liegt nur einen halben Meter über Normalnull. Er ist das größte Sammelbecken des Peenegebietes und auch deshalb unvergleichlich, weil er sein Aussehen ständig wechselt. Auch einige Sagen ranken sich um diesen See: »Das Schicksal des meineidigen Försters«, »Die Seejungfrau vom Kummerower See« und »Der Bernstein und der Wein im Kummerower See«.

In der ersten spielt die Grenze ein Rolle:

»Die mecklenburgisch-pommersche Grenze war von altersher strittig. Und war sie es mal gerade nicht, die Uneinigkeiten zur Ruhe gekommen, dann konnte es geschehen, daß man vergaß, wo sie überhaupt verlief. Selbst die ältesten, kundigsten Leute wußten sie nicht mehr zu benennen. Die Grenzstadt Demmin wußte davon ein Lied zu singen. Klarheit war nicht zu schaf-

fen. Schließlich tauchte ein fremder Förster auf, der mit Bestimmtheit erklärte: ›Hier verläuft sie und sonst nirgends...‹ Es stellte sich jedoch heraus, daß dieser Förster von den Mecklenburgern bestochen worden war, um zu versuchen, die Grenze zu ihren Gunsten zu verschieben. Da traf alsbald den ausführenden Schwindler die Strafe: Er verfiel dem Wahnsinn und starb eines jämmerlichen Todes, irrt Nacht für Nacht an der falschen Grenze auf und ab.« (16)

Auch die Sage vom Bernstein und Wein im Kummerower See soll hier kurz wiedergegeben werden, weil diejenigen Besucher, die der Sage Glauben schenken, allein ihretwegen zweimal im Jahr wiederkehren werden:

»Im See soll es seit Urzeiten einen riesigen Klumpen Bernstein, groß wie ein Haus, gegeben haben. Manchmal kommt er nach oben, so in der Johannisnacht. Dann braucht man nur ein schwarzes Tuch über ihn zu werfen, weil er dann nicht mehr versinken kann. Und am nächsten Morgen zieht man ihn einfach an Land, was aber noch keinem gelungen ist. Doch gibt es später im Jahr einen Trost, zu Weihnachten, wenn sich das Wasser des Sees in Wein verwandelt.« (16)

Kummerow ist das Dorf, das dem See den Namen gegeben hat, ein wendischer Name, der »Mückenberg« bedeutet. Vieles blieb hier wie allerorten in historischer Dunkelheit, ist undurchdringlich wie damals die Moore und Wälder. 1222 wird das Dorf erstmals urkundlich erwähnt. Das war die Zeit der Einwanderung deutscher Ritter, Krieger und Bauern aus dem Westen. 1276 wird ein Maltzan als Besitzer genannt. Aus der wendischen Siedlung war eine deutsche geworden, der 1255 schon vom pommerschen Herzog das Stadtrecht verliehen worden war. Kummerow entwickelte sich vor allem durch seine Lage an einer wichtigen Verkehrsstraße, der »Königsstraße«. Durch die Peene hatte es auch Verbindung zum Meer, zur Ostsee. Aber für eine Grenzfestung war die Lage nicht geeignet, denn nur die Seeseite bot natürlichen Schutz. Darum übergab der Herzog schon 1482 die »Stadt« den Maltzans, die Stagnation oder Rückgang allerdings auch nicht aufhalten konnten, denn 1671 wurde das Stadtrecht aberkannt. Auch das alte Schloß mit Graben und Zugbrücke, mit Fangelturm und Zwinger wurde aufgegeben, und von 1725 bis 1733 wurde an anderer Stelle, näher am See, ein neues barockes Herrenhaus der Freiherren von Maltzan errichtet, das weithin in Pommern und Mecklenburg bekannt war. Der Bau wurde zweigeschossig errichtet mit zwei kleinen Seitenflügeln, an deren Enden wiederum je ein zweistöckiger Querbau angefügt worden war. Der Mittelrisalit mit seinem Lünettengiebel wurde sogar dreigeschossig ausgeführt.

Rechte Seite: Kirche in Kummerow

Ihren gelungenen Abschluß erhielt die Gesamtanlage durch einen Park, der bis in die dreißiger Jahre des 20. Jahrhunderts noch sehr anziehend und immer gepflegt war. Er war ein weiteres Kunstwerk des preußischen Gartenarchitekten Peter Joseph Lenné, der ihn zu Beginn des 19. Jahrhunderts angelegt hatte. Nach 1945 erfolgte die Enteignung und trotz Denkmalschutzes die Unterbringung einer Schule und eines Kindergartens. Es gibt sogar ein Kinderlied, in dem diese Ereignisse überliefert sind:

»Nun ist der Junker fort, im Schloß ist jetzt der Kinderhort. Wer mag ihn wohl bedauern? Sicher nicht die Bauern.«

Die nur wenig entfernte Badestelle hat sich gut entwickelt. Sie bietet ein sandiges flaches Ufer und einen herrlichen Blick über den See nach Salem. Der **Wasserwanderrastplatz** wurde 1995 ganz neu eingerichtet. Er wird kurz »Hafen« genannt und empfiehlt sich durch moderne Kaianlagen, Molenpromenade, zahlreiche Liegeplätze oder Boxen und günstige Preise. Dennoch liefen bisher nicht so viele Boote ein, wie man erwartet hatte. Aus Gewohnheit segelten viele zu ihren alten »wildromantischen« Anlegebecken. Aber die Zukunftsaussichten sind günstig, denn dieser Hafen ist inzwischen eingepaßt in ein ganzes Netz: Trittelwitz an der Peene, Aalbude an ihrem Ausfluß aus dem Kummerower See, Neukalen an der West- und Gravelotte an der Ostseite, während Kummerow am Südufer liegt. Hier haben allerdings nicht, wie immer wieder behauptet wird, Ehm Welks »Heiden« und »Gerechten von Kummerow« gelebt; deren Kummerow liegt »im Bruch hinterm Berge« nahe Ehm Welks Heimatdorf Biesenbrow bei Angermünde.
Weiter geht es nach **Sommersdorf**, mal höher, mal tiefer, aber immer hoch genug, um durch Lücken von Rotdorn-, Weißdorn- und Schlehenhecken auf den nahen See zu blicken. Die Straße ist durchaus fest und befahrbar. Daß sie zunehmend schmaler wird, stört nicht. Eine kurze Pause bietet sich an, um die große blaue Wasserfläche mit den weißen Segeln zu betrachten, hinter der sich eine lange Reihe von Einfamilienhäusern in Salem wie eine helle Perlenkette im leichten Dunst zeigt. Hier liegt für Wassersportler und Campingfreunde direkt am See ein seit Jahren beliebter Bade- und Zeltplatz.
Sommersdorf unterscheidet sich in der Art seiner Anlage von Kummerow. 1290 erstmalig erwähnt, ist es sicher eine deutsche Gründung und als Rundlingsdorf angelegt, was Mensch und Tier den besten Schutz bot. Schon 1299 gehörte das Dorf, von einigen Hufen abgesehen, dem Kloster Verchen. Jedoch hatten es die Bauern bei frommen Schwestern als Grundbesitzerinnen auch nicht besser als andere »Bundschuhe« unter männlicher Herrschaft. Auf Dauer konnte die Bauernschaft dem doppelten Druck des Klosters und des Gutes Kummerow, welches in der Mitte des 16. Jahrhunderts ebenfalls verschiedene Rechte erworben hatte, nicht widerstehen. Aus freien Erbpachtbauern wurden abhängige. Der Dreißigjährige Krieg trieb dann

die letzten in den Ruin. Sie wurden Kummerower Tagelöhner. Daß die Menschen dieses kleinen Dorfes immer ein sehr bescheidenes bis armes Leben führen mußten, ist auch ihrer Kirche anzusehen, sie ist ohne Turm, der Friedhof schließt einen Glockenstuhl ein. Er ist ein wahrer Platz des Friedens und der Ruhe.
Der nächste Halt soll in **Meesiger** erfolgen. Über dieses Dorf wird die Sage vom großen Stein erzählt:

»Vor langen Zeiten war den Demminern wieder einmal so manches gelungen. Das machte sie übermütig, und so wollten sie erneut die Grenze im See zum Mecklenburgischen hin verschieben. Aus irgendeinem Grunde paßte das dem Teufel aber nicht. Er erschien auf den Salemer Höhen und packte einen riesigen Stein, um ihn in den See zu werfen. Der sollte dort eine Flut verursachen, die mit der Peene nach Demmin laufen und die Bürger ersäufen sollte. In seiner Wut warf er jedoch zu weit, und der große Stein landete auf der Meesiger Feldmark, gerade als es von den Kirchen am See Mitternacht schlug. Nun mußte der Höllenfürst das Geschoß dort liegen lassen, wo es heute noch zu finden ist.«

Die »Fingerabdrücke« auf dem Stein scheinen diese Sage zu bestätigen. Die Dorfbewohner zeigen den Touristen gerne, wo der Stein liegt. Meesiger verfügt über eine recht gut erhaltene Kirche, ein Kriegerdenkmal aus dem Ersten Weltkrieg, plattdeutsche Straßennamen und manches, was an die Franzosenzeit erinnert, als viele napoleonische Soldaten gerade in diesem Ort längere Zeit Quartier gemacht hatten.
Französisch klingt und ist auch der Name des nächsten Zieles: **Gravelotte**. Zuvor aber entdeckt man auf der kurzen Fahrt dorthin auf einem nach allen Seiten hin freien Bergrücken zwischen Straße und See die anklagende Ruine einer Windmühle. Sie muß einmal eine recht ansehnliche »Holländerin« gewesen sein. Der Name Gravelotte hat mit dem Deutsch-Französischen Krieg von 1870/71 zu tun, genauer mit der Schlacht von Gravelotte im Gebiet Metz. Ein Demminer Teilnehmer an diesem für Preußen, wozu ja auch Pommern gehörte, so siegreichen Treffen kaufte nach dem Kriege ein Stück Land, baute darauf ein Haus und nannte es »Gravelotte«. So blutig die Schlacht gewesen war (»[…] von zwei Regimentern, was ritt und was stritt, unser zweiter Mann ist geblieben.« – Freiligrath), so prächtig entwickelte sich das friedliche Anwesen. Bald kam ein Saal hinzu, dann eine Kegelbahn, und schließlich wurde der Gasthof eingeweiht. Nach dem Ersten Weltkrieg wurde Gravelotte ein beliebter Ausflugsort. Und als 1926 noch eine 90 Meter lange Seebrücke entstand, wurde sie bald zur Anlegestelle von Schiffen aus Malchin, Neukalen und Dargun. Das waren beileibe nicht nur Rüben- und Kohlekähne, es kamen zunehmend kleine Vergnügungsdampfer, Motor- und Segelboote. Der Gasthof hat den Zweiten Welt-

krieg überstanden, auch die Nachkriegszeit, aber nach 1970 wurde er abgerissen. An seine Stelle trat ein Betonklotz mit Bettenhaus für Urlauber der Gewerkschaften. Was sich seit 1990 geändert hat, ist schon deutlich sichtbar: Hier entsteht ein moderner Wasserwanderrastplatz. Vielen Urlaubern, die seit Jahren Stammgäste auf dem Campingplatz sind, wird er weitere Möglichkeiten der Freizeitgestaltung eröffnen.
Langsam geht es nun wieder in die Berge. Nach der Karte sind sie kaum höher als die bisherigen, aber sie sind jetzt dichter beieinander und wirken geschlossener. Dieses kleine Gebiet in Form eines Dreiecks, die Bornitzer Berge oder auch kurz »die Bornitze« genannt, wird links begrenzt vom See, an dem ein Wanderweg, der auch als Radroute gekennzeichnet ist, entlangführt. Die Begrenzung bildet seit wenigen Jahren der neu angelegte Radwanderweg über Schönfeld nach Verchen, im Norden ist es die von Demmin kommende Hauptzubringerstraße. Um dem See näher zu sein, sollte man den Weg in Ufernähe wählen, allerdings nur zu Fuß oder per Rad.
Auch hier ist blutgetränkter Boden, das Schlachtfeld von **Verchen** im Jahre 1164. Das war eine der größten und letzten Schlachten gegen die Wenden. Vitense berichtet in seiner »Geschichte von Mecklenburg« über die Verchener:

»Dann eilte der Wendenfürst (Pribislaw – d.A.) nach Pommern zurück und erwartete hier [...] in Demmin des Sachsenherzogs (Heinrich des Löwen – d. A.) neuen Angriff. Dieser war bereits im Anzug [...] Dann rückte eine sächsische Abteilung [...] auf Demmin vor, wurde aber in der Frühe des 5. (oder 6.) Juli bei Verchen am Kummerower See von einer Schar Wenden überlistet und konnte diese nur nach hartem Kampf unter schweren Verlusten vertreiben [...] Mochte auch eine große Anzahl Wenden – man erzählt von 2500 – im See umkommen, so hatten doch die Sachsen, als im Gewühl der Schlacht die Wenden sogar in ihr Lager eindrangen, den Tod vieler tapferer Krieger [...] zu beklagen.«

Verchen ist im Hinblick auf Formenreichtum und Abwechslung ein richtiges Mosaik. Es trifft heute noch zu, was 1882 schon in den »Streifzügen durch Pommern« beschrieben wurde: »Wir sehen die große Fläche des Sees vor uns im klarsten Blau des Himmels glitzern.«
Heute sieht man noch mehr: das moderne Verchen mit Badestrand und Uferpromenade, mit Bungalows und Gaststätten und einem Hotel. Unverändert ist einzig der Blick über die volle Länge des Sees bis zum etwa 15 Kilometer entfernten Malchin. Das Dorf selbst ist ursprünglich wohl durch das einstige **Benediktinerinnenkloster**, eines der bekanntesten in Vorpommern, ins Gespräch gekommen. Nachdem die Wenden im 12. Jahrhundert überall vernichtend geschlagen worden waren, erfolgte die Besitznahme des Landes durch einen Strom deutscher Einwanderer und durch die damit verbundene Christianisierung. Dazu entstand 1269, noch drei

Der alte Seesteg bei Gravelotte in den dreißiger Jahren.
Heute befindet sich hier ein Wasserwanderrastplatz

Jahre eher als im nur wenige Kilometer entfernten Dargun, das Kloster Verchen, das durch Schenkungen von Gütern, Gerechtsamen und Einkünften, durch Übergabe der freien Fischerei und des Aalfanges sehr reich wurde. Die zum Kloster gehörende Kirche wurde 1270 gebaut. Sie ist ein ansprechender Backsteinbau, dessen Inneres durch eine Schnitzdecke, Glasmalereien aus dem 15. Jahrhundert und einen Schnitzaltar von 1420 geprägt wird und deshalb sehr sehenswert ist.
Lange könnte man in Verchen verweilen, besonders auch mit kleinen Kindern. Die können unter schattigen Bäumen im Sand spielen und unter Aufsicht weit in den flachen See hineinlaufen. Mit Wandern und Baden, mit Bootfahren oder einfach in der Sonne liegend, vergeht die Zeit hier schnell. Nun ist für Kraftfahrzeuge die direkte Weiterfahrt, das heißt um den See herum, nicht mehr möglich. Hier führt keine Brücke über die Peene. Man muß über Demmin nach Neukalen fahren. Demmin liegt weit außerhalb der Mecklenburgischen Schweiz; Dargun wurde auf der vierten Tour und Neukalen auf der fünften vorgestellt, so daß Gorschendorf das nächste Ziel ist.
Die Touristen, die mit der Fähre übersetzen, werden schneller dort sein. Diese Möglichkeit gibt es nur in **Aalbude**. Hier wird am besten nachvollziehbar, was heutzutage unter »Natur pur« vorzustellen ist: ein See und ein Fluß, denn hier tritt die Peene aus dem Kummerower See aus, Häuschen unter alten Pappeln, umgeben von dichtem Weiden- und Erlengebüsch; Bleßhühner neben, Haubentaucher unter und eventuell sogar ein majestätisches Seeadlerpaar über einem. Das alles war immer so, seit Jahrzehnten. Früher

war das kleine Anwesen einmal eine Insel, die von der Achterpeene mit ihren Aalwehren umflossen wurde. Damals spielte hier aber nicht nur die Fischerei eine Rolle, es gehörten auch eine Zollstation (Preußen–Mecklenburg) und ein Fährbetrieb dazu. Als Preußen 1716 Pommern in Besitz genommen hatte, entwickelte sich sehr schnell der Demminer Korn- und Holzhandel. Die Schiffe, richtiger wohl Kähne, gingen von Malchin bis Anklam und Stettin, gelegentlich sogar bis Holland und Südengland. Aber bald forderten die Aalbuder für ihre »Mühe, die Wehre zu öffnen und für anfallende Schäden« ein Entgelt, was ihnen der Demminer Rat nach längerem Hin und Her auch bewilligte. Viel später erst, 1904, wurde eine Prahmfähre gebaut, trat eine »Dienstordnung für den Fährmann zu Aalbude nebst Tarif für Fähre bei Aalbude über die Peene« in Kraft. Der so geregelte Verkehr erfolgte bis 1974, als das sehr reparaturbedürftige Gefährt auf Grund gesetzt wurde. Ein Jahr zuvor war das Fährhaus wegen Baufälligkeit abgerissen worden.
Trotzdem schallte noch lange Zeit der Ruf: »Fährmann, hal öwer!« Und er wurde erhört, denn bis 1982 organisierten ein »Schipper« und sein Hund Rex in einem Kahn die Überfahrt. Der Aalbuder Rex besaß sogar Russischkenntnisse. Hörte er zum Beispiel »Sadis!«, setzte er sich brav im Boot hin und blieb dort geduldig sitzen, bis er »Stantje!« vernahm.
Das letzte Ziel auf dieser Tour ist eine Gaststätte, wie sie nur hier und zwischen Moor und Wasser liegen kann, der »**Moorbauer**« am Peenekanal kurz vor dem Einmünden in den Kummerower See. Von Salem kommend,

Aalbude um 1930

Kummerower See

ist hinter Gorschendorf links ein nicht zu übersehendes Hinweisschild. Nach kurzer Fahrt gelangt man zu einem kleinen schattigen Parkplatz dicht am Kanal. Der Bohlenbrücke, die über einen Nebenkanal oder Nebenarm führt, kann man sich ruhig anvertrauen. Aber plötzlich ist man fast im Moor, von nassem Dickicht, von Unterholz und Büschen umgeben. Auf schwankendem Steg geht es aber schnell wieder ins Freie und Helle. Erneut ist man am Wasser vor einer Ausbuchtung des Kanals. Von drüben lädt das idyllische Ausflugsrestaurant ein. Nach einem Druck auf den Klingelknopf kommt ein motorgetriebenes Boot, um die neuen Gäste überzusetzen.
Das Anwesen, in den nassen Monaten immer vom Wasser bedroht, ist noch gar nicht alt. Ende der vierziger Jahre erst wurde es von einem Bauern als Wohn- und Wirkungsstätte erbaut. Wenige Jahre später wurde es ein »Gastronomie-Objekt«. Viele Faktoren tragen zu seiner Beliebtheit bei: Lage und »Romantik«, Anlegestelle und Parkplatz (an der Hinterfront unweit vom Haus), Kinderspielplatz und die Qualität von Küche und Keller.
Hier kann man schon eine Zeitlang bleiben, kann schauen und sich unterhalten, kann Kaffee trinken und zu Abend essen. Vielleicht wird der eine oder andere auch einmal hinter das Haus gehen, »nich üm eis nah de Pierd tau kieken«, sondern um nach Osten zu schauen und Kummerow und Kiekindepeen auszumachen, wo die Fahrt begonnen hat.

Nächste Doppelseite: Blick von Salem über den Kummerower See

Von Schloß zu Schloß

Ausgangspunkt: Malchin, Länge ca. 53 km

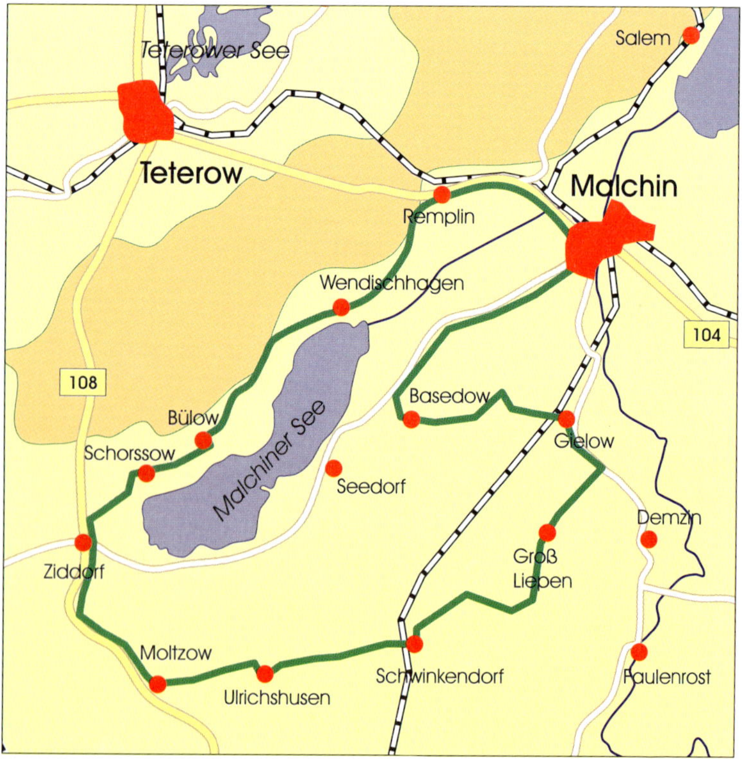

Auf dieser Fahrt kommt man in das südwestlich von der Stadt gelegene Gebiet. Dabei werden zwei der sehenswertesten Landschlösser Mecklenburgs aufgesucht, Basedow und Remplin, sowie zwei unterschiedlich alte und große Wasserburgen, Liepen und Ulrichshusen, die noch ältere Ruine Papenhagen und schließlich – um wieder in die Gegenwart zurückzufinden – auch die Pferde in Schwinkendorf.
Kaum hat man den imposanten Malchiner Wasserturm an der Straße nach Rothenmoor links liegengelassen, erscheinen rechts Höhen und davor der Malchiner See.
Das erste Ziel, **Basedow**, hat mit Kirche, Schloß und Marstall schon immer anziehend gewirkt. Zu allen Zeiten hat es höchste Gäste und einfache Besucher gegeben, darunter Herzöge und Bischöfe, Generale und einen Reichsmarschall-Reichsjägermeister sowie Politiker unterschiedlichster Couleur. Deren Interessen waren natürlich auf sehr Unterschiedliches gerichtet: auf den Mittelpunkt des Familienbesitzes der Grafen Hahn, die »dem ganzen Ort ein fast städtisches Aussehen gebende Kirche«, das ausgezeichnete Jagdgebiet bzw. die »Gemeinde der Deutsch-Sowjetischen Freundschaft«. Es ist erst wenige Jahre her, daß sich Clemens Graf Hahn von Burgsdorff folgendermaßen geäußert hat:

»Mit dem Einigungsvertrag wurde die Enteignung von 1945 ein zweites Mal zu Recht erklärt, und der nunmehr geeinte Staat möchte sein ›Beutegut‹ zu Höchstpreisen verkaufen. Die Erben der früheren Eigentümer sind als entrechtete Gruppe aus dem Rückgabeprozeß ausgeschlossen [...] Geschichtliche Zerrbilder hüben wie drüben behindern leider zusätzlich den noch vorhandenen Aufbauwillen der Alteigentümer.«(14)

Basedow ist eine Anlage erster Größenordnung, was nicht nur auf die Fläche und die Anzahl der Gebäude zu beziehen ist, sondern gleichermaßen auf Art und Baustile. Sie besteht aus verschiedenen in sich geschlossenen und doch mit den anderen zusammen harmonierenden Komplexen: dem Gut, dem **Schloß**, dem Park, dem Marstall, der Kirche, dem gesamten Dorf. Unmittelbar vor dem Tor, dem ehemaligen Torhaus, von dem nur noch ein Trümmerrest vorhanden ist, schaut man links in und auf den »Hof«, auf eine Ansammlung von Wirtschaftsgebäuden, die alle nicht nur solide, sondern auch kunstvoll, zumindest aber mit handwerklicher Meisterschaft gebaut sind, was heute noch die unterschiedlichen Giebel bezeugen.
Die Gebäude des Schlosses machten bis vor kurzem einen bedauernswerten Eindruck – bröckelnder Putz, Nässeflecken, herausgefallene Steine und faulende Fensterrahmen ruinierten die Bausubstanz. Was aber seit 1996 an Sicherungsarbeiten geleistet wurde, gibt wieder Hoffnung. Als Mittelpunkt des Familienbesitzes der Hahns seit dem 14. Jahrhundert wird 1467 eine

Burg mit Vorburg, Brücke und Toren erwähnt. 1473 ließ der Ritter Luttke (Lüdeke) Hane zu dem Hauptturm der Burg zwei Türme auf der Vorburg errichten. Um die Mitte des 16. Jahrhunderts veranlaßte Joachim Hahn in Basedow den Bau eines neuen Hauses und eines Schloßturmes, der die Jahreszahl 1552 trägt. Dieser Stammsitz machte im Laufe der Jahrhunderte viele Veränderungen durch. Der jetzige Bestand an Gebäuden entspricht in etwa dem des 19. Jahrhunderts. Das Herrenhaus wurde unter Einbeziehung älterer Bauteile mehrfach umgestaltet und auch erweitert. Der südwestliche Hauptbau brannte gegen Ende des 19. Jahrhunderts ab und wurde 1890 bis 1895 im Neorenaissancestil wiedererrichtet.

Während die Rückseite des fast gigantischen Baus noch verfallener wirkt, ist der **Park** bzw. das beträchtliche Terrain, das von ihm noch vorhanden ist, in einem erfreulichen Zustand. Auch er ist ein Werk des großen Lenné, der hier eines seiner besten Meisterstücke im Stil des englischen Landschaftsparks gestaltet hat. Nicht nur, daß die Reste der alten Burggräben in die Gestaltung des weitläufigen Parkes einbezogen wurden, es sind auch über 80 Gehölzarten angepflanzt und die Wege zugleich als Sichtachsen gestaltet worden, so daß der direkte Blick auf die zentralen Gebäude wie Landhaus oder Marstall fällt.

Dieser stammt aus dem Jahre 1838 und beherbergte die in der damaligen Zeit berühmten angloarabischen Rennpferde des Gestütes Hahn. Natürlich gingen nicht alle auf die Rennbahnen, wie zum Beispiel auf die erste mecklenburgische in Doberan, etliche wurden auch Stars der glanzvollen Reitjagden. Namen von Hengsten wie Godolphin und Plumper waren in aller Munde, und wenn ein Ivenacker Hengst, Herodot genannt, sie doch ausstach, dann nur, weil er das Lieblingspferd des Helden der Mecklenburger, des »Marschall Vorwärts«, war.

Aber das alles ist sehr lange her. In neuerer Zeit hat der Stall durch seine 1949 erfolgte Umfunktionierung zur Maschinenausleihstation und später Maschinen-Traktoren-Station stark gelitten.

Die **Kirche** datiert in die erste Hälfte des 13. Jahrhunderts, in die Zeit des Übergangs vom romanischen zum gotischen Baustil. Zu dem Feldsteinchor, der bis fast unter das Dach aus Granitfindlingen gebaut wurde, paßt das Schiff, ein Ziegelbau aus derselben Zeit. Beide Giebel sind aus Backsteinziegeln und mit Blenden geschmückt. Der ansprechende Turm hat seine endgültige Gestalt in den Jahren 1855 bis 1857 erhalten. Sehr eindrucksvoll ist auch das Innere mit der Orgel, reichen Schnitzereien und bedeutenden Epitaphien der besitzenden Familie vom Ende des 16. Jahrhunderts. Außerdem beeindrucken der Altar aus Sandstein mit einem Marmorrelief von 1592 und nicht zuletzt die Kanzel. Dem Klang der Orgel von 1680, einer der wertvollsten im ganzen Land, sind immer Christen und Nichtchristen gefolgt, auch in den vergangenen 40 »sozialistischen« Jahren.

Schloß Basedow

Erfreuliches hat sich seitdem im ganzen Dorf getan, so daß es aus dem Wettbewerb 1997 des neuen und großen Landkreises Demmin als »Schönstes Dorf im Kreis« hervorging.
Der Besucher verläßt Basedow trotzdem immer noch mit dem Gefühl der Unsicherheit, ob dem Verfall des Schlosses Einhalt geboten werden kann, denn so traditionsreich sich die Geschichte des Hahnschen Geschlechts auf Basedow in Jahrhunderten entwickelte, so jäh endete sie. Der Gedenkstein am Eingang zum Park trägt neben dem Namen Friedrich Franz Graf von Hahn und seinen Lebensdaten die Inschrift: »Dem Andenken unseres lieben einzigen Sohns. Er war der letzte Sproß des Hauses Hahn-Basedow«. Er fiel 1941 zwanzigjährig in Taganrog.

Liepen, das nächste Ziel, das in jeder Beziehung ganz anders als das soeben erlebte Basedow ist, war bis zum Ende der achtziger Jahre nicht »entdeckt« worden – außer von einer Handvoll Experten. Beachtliches ist in den wenigen Jahren seit der Wende mit Hilfe des Patenkreises Steinfurt gelungen: der erste große Abschnitt der Restaurierung einer kleinen Wasserburg, die in Mecklenburg-Vorpommern nicht ihresgleichen findet, wurde fertiggestellt. Wie über viele Dörfer, so gibt es auch über Liepen eine Sage:

Die alte Burg Liepen bei Malchin

Noch jetzt liegt das alte Herrenhaus von Liepen bei Malchin auf einer rings mit Wall und tiefen Gräben umgebenen Anhöhe. Man kann zum Hause nur über ein paar Zugbrücken gelangen, denn wenn man auch die Gräben durchwatete, so würde doch die ringsherum schon in Trümmer zerfallene alte Mauer, bewachsen mit undurchdringlichem Gestrüppe, dem kühnen Eindringling unüberwindliche Hindernisse darbieten. Auf dieser Anhöhe nun hat im Mittelalter eine der von Hahnschen Familie gehörige Burg gestanden, die mit der Burg Basedow durch einen unterirdischen Gang in Verbindung stand. Von diesen Burgen aus trieben die Edlen von Hahn das einträgliche Handwerk der Wegelagerei. Sie lauerten mit ihren Knappen den Bürgern von Malchin, Stavenhagen, Waren usw. auf, die mit ihren Waren von den Messen und Jahrmärkten kamen.
Häufig wurde nun Burg Liepen, namentlich von den Malchinern, belagert, doch immer vergebens, da die Belagerten stets Zufuhr an Lebensmitteln und Kämpfern durch den unterirdischen Gang von Basedow bekamen. Doch endlich glückte es den schlauen Malchinern, durch List die Burg zu erobern. Sie steckten sie in Brand, hingen etliche Knappen, die sich beim Fliehen durch den Gang verspätet hatten auf, und zogen mit Beute beladen jubelnd nach Hause.
Die Burg wurde nie wieder aufgebaut, sondern später auf dem Platze das sogenannte Herrenhaus, die jetzige Pächterwohnung, errichtet. – Noch jetzt findet man beim Graben und beim Reinigen der Wallgräben häufig alte Waffen, Sturmhauben usw. Alle diese Sachen erinnern noch an die einst so stolze Burg. Auch nachts zwischen zwölf und ein Uhr ist es da nicht recht geheuer; es spuken dann die in den alten Burgverliesen verhungerten Gefangenen herum. (11)

Ein unterirdischer Gang wurde zwar nie gefunden, aber er scheint historisch belegbar zu sein:

»Bei dieser alten ***Wasserburg*** *handelt es sich um eine sogenannte Gräfte westfälischen Typs, die als solche als Zeugnis frühester Besiedlung des mecklenburgischen Raums im Zuge der Kolonisation betrachtet werden kann. Die Kellergewölbe einer der ersten Rittersiedlungen aus dem 12. Jahrhundert*

Wasserburg Liepen

sind noch gut erhalten. Der sich darüber befindliche, wuchtig wirkende, fast quadratischen Grundriß besitzende Fachwerkbau wurde im 17. Jahrhundert ausgeführt: Der an sich eingeschossige Bau besitzt ein ausgebautes Walmgeschoß. Die dem Inselzug zugewandte Giebelfront wurde zu späterem Zeitpunkt massiv errichtet und durch Anbauten verändert, was den Bau zu seinem Nachteil unschön veränderte.« (Aus: Der Holznagel, 1995)

Seit 1990 wurde der leergezogene Bau gesichert und in zahlreichen Einsätzen die Außenanlage bereits wieder saniert. Auch der Wassergraben wurde wieder hergestellt. Sehr schön restauriert ist inzwischen die Hofanlage der Burg mit einem darauf befindlichen Ziehbrunnen.

Schwinkendorf ist relativ bekannt, weil dort schon vor Jahr und Tag Reit- und Fahrturniere veranstaltet wurden. Ab 1993 entstand hier ein richtiges Pferdedorf, als ein Schwinkendorfer Ehepaar auf der Basis des Vorhandenen ein Reit- und Fahrsportzentrum errichtete. 30 Pferde-Hotel-Plätze wurden geschaffen und sind ganzjährig fast immer ausgelastet. 1995 schoß dann buchstäblich eine Reithalle aus dem Boden. Hier kann man nun Reiten lernen, den Urlaub im Sattel verbringen oder auch einen Leistungskurs fürs Springen oder in der Dressur besuchen. Nicht wenige Reiterinnen und Reiter kommen täglich, denn für 40 von ihnen stehen hier die eigenen

Pensionspferde, die von Reitlehrern, Bereitern und Lehrlingen betreut werden. Außerdem gibt es noch den Nachwuchs, Mädchen und Jungen, die ebenfalls täglich kommen, um die Reitabzeichenprüfung abzulegen, um zu trainieren oder einfach bei ihren vierbeinigen Freunden zu sein.
Weiter geht es nach **Ulrichshusen**, dem von Malchin am weitesten entfernten Punkt auf dieser Tour. Auf dem Weg dorthin ist in Rambow die unweit der Straße nach Ulrichshusen gelegene Kirchenruine des schon im Mittelalter untergegangen Dorfes **Papenhagen** zu besichtigen. Sie liegt nur wenige hundert Meter rechts der Chaussee, ist aber von dort aus so wenig zu sehen wie links der Ulrichshuser See. Schon vor Jahren schrieb Edmund Schroeder: »[…] da findet man nicht weit von dem noch fast mittelalterlichen Burgcharakter aufweisenden Schloß Ulrichshusen die Trümmer der Kirche des untergegangenen Dorfes Papenhagen […].«
Hier ist in letzter Zeit manches getan worden: Die Nebenstraße, auf der man sich zu Fuß nähert, wurde abgezäunt und ein breiter Fußweg mit Anpflanzungen vieler junger Bäume bis zur höher liegenden Ruine angelegt, eine Hinweistafel zählt die wichtigsten historischen Fakten auf:
1220 – Beginn des Kirchenbaus im romanischen Stil, Bauzeit: 15 Jahre – Wann und unter welchen Umständen aus ihr eine Ruine wurde, wissen alte Quellen nicht, wahrscheinlich aber Mitte des 16. Jahrhunderts, als im benachbarten Rambow eine neue Kirche entstand.
Die Kirche ist vor Zeiten an günstiger Stelle angelegt worden: Zumindest im Norden und Westen geben bewaldete Höhen ausreichenden Schutz, während sich das Gelände im Südosten zu der bei Ulrichshusen gelegenen wasserreichen Ebene neigt. Die Ruine liegt höher und ist größer und imposanter als erwartet. Das Schiff ist dachlos und leer, aber die beiden Giebel wirken wie von einem Romantiker gemalt. Der damals junge Rambower Lehrer Hans Techen beschrieb seine Empfindungen beim Anblick der Ruine 1932 so (Übertragung aus dem Plattdeutschen – d.A.):

Heut bleibt aus alter Zeit nicht mehr viel nach,
die Mauern, Fenster sind schon längst verfallen.
Nur eine Wand noch mit dem Hauptportal
gibt ganz allein das Zeugnis uns von allen.
Und Stein um Stein fällt nach und nach zur Erd',
auch Sturm und Wetter wollen Dich verdammen,
so gehst Kapelle, Du, denselben Weg
wie alles Menschenwerk, – Du fällst zusammen.
Nachdenklich steh ich, schaue zu Dir hoch,
als könnte ich mich noch nicht von Dir wenden,
mir scheint, ich sehe dort den Pastor noch
am Altar beten mit gefalt'nen Händen.

Bis Ulrichshusen ist es nur ein kurzer Weg. Links schimmert von der Straße schon das **Schloß** durch die hohen Bäume. Erst kürzlich ist wegen dieses Blickes hier ausgeholzt worden, nachdem ein einladender kleiner Rastplatz in diesem Gelände angelegt worden war. Im Halbkreis ausgeführt, mit Wasser als hinterem Abschluß, gibt er Schatten, Ruhe und eine schöne Aussicht. Das Dorf verfügt nur über eine einzige Straße. An ihrer rechten Seite liegt das fachmännisch restaurierte lange Gebäude, ein besonders von vielen Kunst- und Musikfreunden geschätzter Konzertsaal. Der Eigentümer und Bauherr Helmuth von Maltzahn hatte zur rechten Zeit wahre Worte gesprochen:

»Häufig denkt man in der heutigen Zeit nur an das Neue, an das Morgen, an das Prosperierende [...] Und nicht selten geraten dabei das Gestern, die Kulturgüter, die Zeugen des Vergangenen in Vergessenheit. Gegen dieses Vergessen wollten wir etwas tun.«

Und so kam es hier zum zweiten Konzert- und Opernfest als künstlerischem Höhepunkt der 1000-Jahr-Feierlichkeiten Mecklenburgs. Auch das andere Gebäude, links an der Zufahrt zum Schloß, ist von würdigem Alter, mehr aber noch von schlichter Schönheit. Am Giebel stehen die Buchstaben »v. H.« für »von Hahn«. Diese Familie mit dem Frühaufsteher im Wappen war ab 1831 hier Besitzer. Das Schloß, Stammsitz der Familie, liegt vor dem Besucher. Nach seinen Konturen ist es eher eine Burg; da es direkt am See liegt, lange Zeit sogar in ihm, könnte man auch von einer Wasserburg sprechen. Erfreulich ist, daß auch dieses außerordentliche Schloß wieder aufgebaut wird. Immerhin hatte es in Lischs Werk Aufnahme gefunden, und das wollte schon etwas heißen. Damit übereinstimmend, konstatiert die große Bautafel: »Das Schloßensemble in Ulrichshusen gehört zu den wertvollsten profanen Denkmälern des Landes Mecklenburg-Vorpommern.«
Die Fahrt bis zur nächsten Sehenswürdigkeit wird etwas länger dauern, denn das Ziel ist Remplin. Die »lange« Strecke ist für Radwanderer besonders abwechslungsreich, wenn sie die Strecke von Rambow querfeldein und bergab nach Rothenmoor, dann auf der schon beschriebenen Straße nördlich des Malchiner Sees (Tour 2) über Wendischhagen nach Remplin wählen. Autofahrer benutzen die Straße über Moltzow nach Ziddorf.

In **Remplin** lenkt man kurz vor der Chaussee Teterow–Malchin rechts ein, an dem Torturm gelangt man direkt zum Schloß – oder zu dem, was nach dem entsetzlichen Brand von 1940 von ihm übriggeblieben ist. Herzog Georg Alexander, verstorben am 26. Januar 1996 in Mirow im ehemaligen Großherzogtum Mecklenburg-Strelitz, kannte es noch als »unser Zuhause, das Heim meiner Familie seit fast neunzig Jahren«:

»Entgegen anderslautenden Berichten vom Untergang des Schloßgebäudes stelle ich richtig: Schloß Remplin brannte in der Nacht vom 10. zum 11. April 1940 in nur zwei Stunden fast völlig nieder. Mir liegen sieben eidesstattliche Erklärungen verschiedener Personen vor, aus denen eindeutig hervorgeht, daß der Brand vorsätzlich im Auftrage der Nazis gelegt wurde. Der Reichsstatthalter und Gauleiter der NSDAP in Mecklenburg, Friedrich Hildebrandt, erklärte unserem Rechtsanwalt wegen unserer ausländischen ›Versippung‹: ›Der Herzog gehört ausgeräuchert.‹« (21)

Dieses Schloß, das wiederholt ein geschichtliches und politisches Auf und Ab erlebt hat, das immer im Mittelpunkt des Landes und seines Interesses gestanden hat, das eine kulturell reiche Vergangenheit hatte wie kein anderes, dieses Schloß hat in seinen letzten Jahrzehnten härteste Schicksalsschläge hinnehmen müssen. Und doch gibt es trotz der Feuersbrunst, die Unwiederbringliches vernichtete, vieles zu vermitteln. Die historischen Daten und Fakten in Kürze sind:

1283 wurde Remplin erstmalig erwähnt,
1405 gelangte die Ortschaft in den Besitz der Familie von Hahn.
Bis 1816 war sie hier ansässig, unter ihr entstand die dreiflügelige barocke Schloßanlage, daneben wurde ein riesiger Park angelegt, der in der Mitte des 19. Jahrhunderts durch Lenné zum Landschaftspark erweitert wurde.
1852 kam Remplin an die Herzöge von Mecklenburg-Strelitz – in persona Herzog Georgs zu Mecklenburg-Strelitz (zweiter Sohn des gleichnamigen Großherzogs) und seiner Gemahlin, Großfürstin Katharina von Rußland (Enkelin der Großen Katharina). Unter ihnen wurde das Schloß im Stil der französischen Renaissance großartig erweitert.
1878 wurde die Kirche erbaut.

Während seiner Geschichte hat **Schloß Remplin** immer eine kulturelle Glanzrolle gespielt. Der schon zitierte Herzog Georg Alexander resümiert:

»An das Bilderzimmer schloß sich der Musiksaal an. Hier standen einst zwei Blüthner-Flügel. Robert Schumann und Peter Tschaikowski sowie auch die berühmte Sängerin Henriette Sontag gaben in diesem Raum Konzerte […]
Im Obergeschoß lag die große Bibliothek, deren Bestände zum großen Teil noch vom Grafen Friedrich von Hahn herrührten.
Von der Bibliothek gingen drei Hauskapellen ab: für die Urgroßmutter eine russisch-orthodoxe, sie war die größte Kapelle, rechts davon – etwas kleiner – die evangelische und links – gleich groß – die katholische. So konnte jedes Familienmitglied seine Andachten halten.«

Die Hahns hatten ihre größte Zeit wohl im 18. Jahrhundert. Sie waren bekannte und erfolgreiche Landwirte und Vollblutzüchter, sie waren aber auch Kunstmäzene, Kunstfreunde und Kunstkenner. An drei von ihnen soll besonders erinnert werden:

Friedrich II. Graf von Hahn (1742–1805) – einer der reichsten Männer Mecklenburgs – widmete sich ausschließlich wissenschaftlichen Studien, besonders der Astronomie. Er ließ im Garten von Schloß Remplin das erste mecklenburgische **Observatorium** erbauen; mit außerordentlich wertvollen Geräten aus England war es das modernste und zugleich teuerste seiner Zeit. Von den Remplinern wurde es wegen des unaussprechlichen Namens nur »Ossenvantorium« genannt. Die Fachwelt erkannte seine Leistungen an und nannte einen vom Grafen entdeckten Mondkrater »mare hahn«.

Karl Friedrich II. (1782–1857), ein Sohn Friedrichs, wurde Erbe eines riesigen Vermögens, das er beinahe völlig seiner Leidenschaft für das Theater opferte: Dieser Leidenschaft oder auch Narrheit wegen hieß er nur der »Theater-Graf«, der in seiner besten Zeit Leiter verschiedener kleiner Theater gewesen ist, aber an einem Schmierentheater endete. Zu der Zeit dachte niemand mehr daran, daß der berühmte Iffland mehrere Wochen in Remplin zu Gast gewesen war und für sein Spiel reich beschenkt wurde. Er bekam eine Ritterrüstung aus purem Silber, einen kostbaren Brillantring, sogar Pferde und Kutsche für die Heimfahrt. Eigens für die Königin Louise von Preußen wurde ein großes Festzelt aus echten orientalischen Seidenstoffen mitten im Garten errichtet, das nach dem Fest auf Befehl des Grafen verbrannt wurde, damit nach der Königin keiner mehr das Zelt betreten konnte. Das Zimmer, in dem die Königin nächtigte, hieß fortan nur noch »Louisenzimmer«.

Ida von Hahn-Hahn (1805-1880) machte sich einen Namen als Schriftstellerin von Reise- und Gesellschaftsromanen. Die heutige Forschung sieht sie vor allem als eine Autorin, welche die Frauen ihrer Zeit, der patriarchalischen Welt, in ihrer Abhängigkeit und Unterdrückung darstellte. In späteren Büchern bearbeitete sie ausschließlich Themen auf der Grundlage des von ihr angenommenen katholischen Glaubens. 1850 gründete sie in Mainz das Kloster der Frauen vom guten Hirten, wo sie 1880 starb.

In der Gutskapelle, unmittelbar an der durch das Dorf verlaufenden Bundesstraße 104, ist ein Antiquitätengeschäft eröffnet worden. Dort erinnern antike Möbel und wertvolle Bilder, Bücher und Medaillons an die Historie des Schlosses.

Bei der Sternwarte wird es noch ein wenig länger dauern, bis man mit dem Fernrohr in die Sterne gucken kann, aber ein Spaziergang durch den barokken Lenné-Park mit seinen hohen Lindenalleen erfreut zu jeder Jahreszeit.

Nächste Doppelseite: Typisch Mecklenburg: Landschaft bei Wilsen

Immer näher zu Fritz Reuter

Ausgangspunkt: Malchin, Länge ca. 46 km

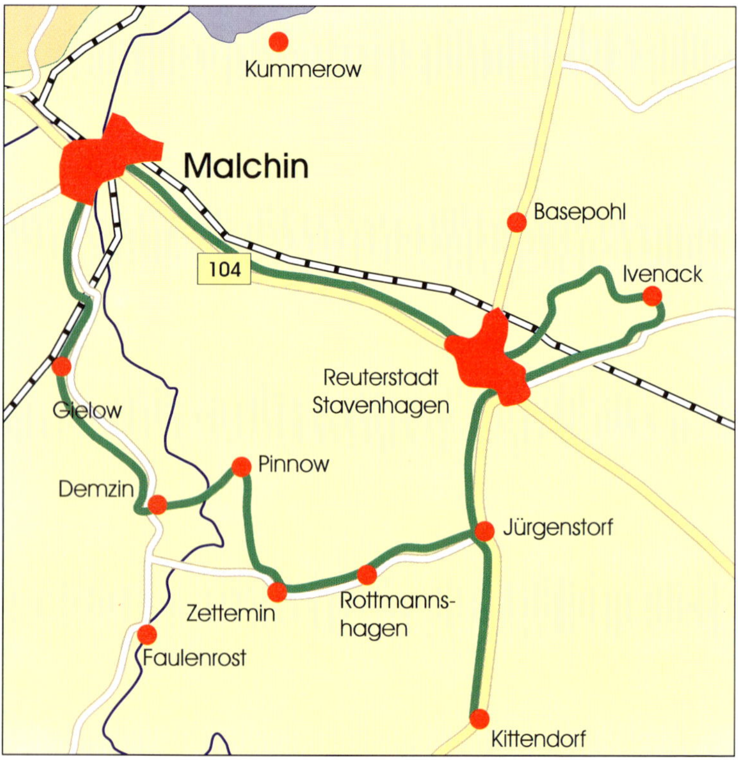

Wenn eines der Fräulein, welche dieses Buch lesen, sich darüber ärgern sollte, daß dieses Kapitel mit dem Müllerburschen beginnt und nicht mit einer Prinzessin, so muß es bedenken, daß es keine Prinzessinnen geben könnte, gäbe es keinen Müller, und daß an manchen Orten so ein Knecht mehr wert ist als eine Prinzessin […]

Diese Stelle aus Fritz Reuters »Ut de Franzosentid« (Kap. 16) wurde aus zwei Gründen als Einleitung ausgewählt: Zum einen soll es im letzten Abschnitt um Reuter gehen, um seine Stätten, Werke und Personen, zum anderen soll seine Spur nicht in seiner Vaterstadt Stavenhagen aufgenommen werden, sondern an einem anderen wichtigen Handlungsort dieses 1859 herausgegebenen Romans.
Die Tour beginnt an der **Gielower Mühle**, wenige Kilometer südlich von Malchin, links der Straße nach Waren. An dieser Stelle stand schon immer, so lange man von Mecklenburg sprechen kann, eine Mühle. Die erste errichteten Darguner Mönche schon um 1230! Die jetzige steht seit 1872. Sie wurde dreistöckig und mit einem Wohnhaus erbaut, weil ihre Vorgängerin abgebrannt war. Jene war die Wassermühle, die Fritz Reuter so anschaulich beschreibt, und ihr Müller hieß Haase, das Vorbild des Reuterschen Müllers Voß, eine Hauptperson der »Franzosentid«. Ihre Antriebskraft war nicht Wind, sondern Wasser, und zwar das der Ostpeene, die 700 Jahre lang hier von größtem Nutzen war und ist.
Fritz Reuter schreibt über die Mühle:

»Wenn der Landsturm losbricht, denn zünden wir alle Mühlen als Feuerzeichen an, was man ein Fanal nennt. Das ist zugleich der beste Beweis dafür, daß ihr nichts von Krieg versteht, wenn ihr kein Fanal kennt!« »Herr Ratsherr«, antwortete der Müller, »es ist mir ganz egal, ob das ein Fanal oder ein Kanal oder irgendein anderer Aal ist, wer meine Wassermühle ansteckt, der kann sich auf etwas gefaßt machen.« – »Bockmühlen und Windmühlen meine ich, Müller Voß; wer spricht denn von Wassermühlen? Wassermühlen liegen im Grund und brennen nicht.«

Hier hatte der gute Onkel Herse sich allerdings geirrt, denn gerade diese Mühle brannte ab, wenn auch viel später, im Jahre 1871. 1995 wurde die nach dem Krieg enteignete Mühle an die ehemalige Besitzerfamilie Babendererde zurückgegeben. Leider ist sie nicht mehr ihrer Bestimmung entsprechend zu nutzen, aber sie liefert Strom in bewährter und trauter Verbindung mit der fröhlich plätschernden Peene.
Peeneaufwärts auf der Warener Chaussee passiert man Gielow zur rechten und Peenhäuser zur linken Seite, durchquert die »**Gielower Benz**«, ein wunderschönes Naturschutzgebiet, durch das sich die Ostpeene schlängelt,

und erreicht bald **Demzin** (nicht zu verwechseln mit Hohen Demzin zwischen Teterow und Burg Schlitz). Hier hatte Fritz Reuter nach siebenjähriger Festungshaft eine erste Heimstatt gefunden. Ein Hinweisschild informiert: Gutshaus Demzin, »Fritz-Reuter-Stätte«.
Ein Vergleich mit einer alten Abbildung zeigt, daß das Haus fast unverändert ist. Es war das Gutshaus der Pächterfamilie Rust, die eine der 36 Besitzungen der gräflich Hahnschen Familie in Basedow bewirtschaftete. Hier war Reuter von 1842 bis 1845 »als Strom«, als landwirtschaftlicher Eleve, »tätig«. Das letzte Wort ist apostrophiert, denn zum Lehrling war Reuter nicht nur zu alt, dazu verkehrte sein Lehrherr auch zu freundschaftlich mit ihm. Praktische Arbeit hatte Fritz Reuter verhältnismäßig wenig geleistet, dafür waren seine kulturellen Kenntnisse und Fähigkeiten gefragt: anregende Gespräche, vorlesen, zeichnen und malen.
Er beschäftigte sich auch viel mit den Kindern der Familie, Helene und Wilhelmine, die später in der »Stromtid« als »Lining« und »Mining« erscheinen, und dem Kleinen, der seinem »Unkel Eute« herzlich zugetan war.
Demzin war für Reuter eine sehr wichtige und selten gute Lebensstation, denn hier fand er gute Bekannte, die Frau, den Freund und – sich selbst. Einer der ersten, den er auch porträtierte, war Hellmuth Borchert, Tierarzt in Basedow. Ein anderer, nicht weniger interessanter Bekannter war Pastor Augustin aus Rittermannshagen.
Und noch ein Glück wurde dem »Stromer« in Demzin beschieden: Er fand hier den besten Freund, Fritz Peters, seit 1843 Rittergutspächter auf Thalheim bei Treptow an der Tollense, wo er sich später viel aufhielt.
Auf Reuters Spuren gelangt man nach **Pinnow**. Es geht durch eine schöne Gegend zur südlichen Spitze der Gielower Benz, dort wird die Ostpeene überquert. Reuter beschreibt dieses Fleckchen Erde so:

»Kleine fischreiche Weiher oder Sölle, wie sie bei uns genannt werden, und wenige Ackerwiesen sind über das ganze Feld zerstreut, und ein Bach, welcher bedeutend genug ist, mehrere Mühlen in der Nachbarschaft zu treiben, bildet in einem Halbkreise mit den daran liegenden Hauptwiesen die Grenze der Feldmark, deren andere Hälfte teils durch Wald, teils durch Gräben bezeichnet wird.«

Inspektor des Gutes Pinnow war Karl Hawermann, ein Witwer, dessen Tochter Luise als Siebzehnjährige Mittelpunkt einer harmlosen Liebesgeschichte war, die der Dichter im 12. Kapitel der »Stromtid« erzählt. Irgendwo hier in der Nähe müssen die Liebenden gesessen haben!
Das nächste Gut heißt **Zettemin**, bis 1945 weithin renommiert. Graf Georg von Schwerin bewirtschaftete seinen Besitz von 1918 bis 1945. Er zeichnet in seinem Buch »Zettemin – Erinnerungen eines mecklenburgischen

Herbststimmung im Lenné-Park Remplin

Gutsherrn« auch ein realistisches Bild vom Leben auf dem Lande in Mecklenburg-Vorpommern, das zwischen 1933 und 1945 unter Hitler bedroht war und anschließend radikal geändert wurde. In diesem Buch kann man auch mehr erfahren über die Geschichte des Gutes. Es macht aber auch deutlich, daß seine Heimatliebe stärker war als der Schmerz über Enteignung und Ausweisung.
Über Rottmannshagen führt der Weg nach **Jürgenstorf**. Hier wird erinnert an J. F. Schlecker alias Zacharias Bräsig. An der Friedhofspforte weist eine Lageskizze zu seinem Grab, das der Besucher leicht findet: Hier ruht der Wirtschaftsinspektor J. F. Schlecker, geb. d. 20. Septr. 1775 zu Obershagen im Hannoverschen, gest. 18. Oktbr. 1848.
Beim Verlassen des Friedhofes bittet Unkel Bräsig um »En Ogenblick«:

»Wer sich noch ne lütte halbe Stunde länger mit mich unterhalten will, der sollte man ruhig sein' Schritt ins Cafe ›Sötschnut‹ lenken, was auf der anderen Seite vom Kirchhoff liegen tut, dor findet er meine ganze Geschichte und die Dörpgeschichte noch dazu«.

Wer dieser Einladung nicht folgen möchte, könnte auch das nur fünf Kilometer entfernte **Kittendorf** aufsuchen: Das restaurierte Schloß und der sehenswerte Park, der allmählich in Wald übergeht, werden gerne besucht, ebenso das neue »Schloßhotel«.

Kirche, Schloß und Wasserturm **Stavenhagens** sind schon von weitem zu sehen, aber zuerst geht es noch nach **Ivenack**. Auf der ersten Anhöhe rechts der B 104, die man vor der Stadt wieder erreicht, führen ein paar Stufen zu einem Baum, den der Dichter dort im Jahre 1863 gepflanzt hat. Später wurden eine umlaufende Ruhebank und eine Tafel angebracht:

»Zum Andenken an seinen Vater, den Bürgermeister Johann Georg Reuter, und seine Mutter Johanna, geb. Oelpke, ist diese Eiche gepflanzt von ihrem Sohn Fritz Reuter. Schonet den Baum, daß Ihr Euch dereinst an seinem Schatten labet«

Seit dieser Zeit ist in Stavenhagen einiges dazu gekommen, geblieben aber ist der schöne Blick auf Kirche, Altstadt und Schloß – von der prächtigen Reuter-Eiche aus.
Die Straße über Klockow läßt sich mit der von ihr abzweigenden alten Allee bis Ivenack hinein nicht vergleichen. Fritz Reuter stellt seinen Lesern die Frage: »Kennt einer meiner Leser Ivenack?« und beantwortet sie selbst:

»Nun, ihr möget es kennen und möget es auch lieben; mir aber ist es mehr, als es dem fremden Besucher sein kann. Für mich ist es der Glanz des Sommermorgens, der sich darüber breitet mit tausend goldenen Fäden der Erinnerung aus der Kindheit und Jugend durchwoben, Festtagserinnerungen, Ferienerinnerungen, die wie leuchtende Blumen aus dem Dunkel des Waldes mir entgegennicken und mit süßem Waldgesang in mein Herz ziehen.«

Aber vom Dorf spricht er nicht, denn wer, wie Fritz Reuter, als Fußgänger von Stavenhagen kommt, der wird wahrscheinlich im Tierpark und bei den Eichen stehenbleiben.

»[...] und in der Ferne das Liebste, was ich auf Erden kannte, vielleicht weil's eben auch das Fernste war, den Tiergarten zu Ivenack mit seinen stattlichen Hirschen, seinen tausendjährigen Eichen und einem Baumwuchs, wie er in Deutschland nicht ein zweites Mal gefunden werden dürfte.«

Das ist noch heute so, aber über das Dorf und den Schloßbereich muß noch weiteres hinzugefügt werden.

Das **Renaissanceschloß** steht am Ende der Dorfstraße, die einen ursprünglichen Eindruck macht. Der Bau, Ende des 16. Jahrhunderts aus den Grundmauern des Klosters errichtet, wurde 1709 erweitert und erhielt 1810 Seitenflügel. Eine längst überfällige Sanierung des großen Baues, der jahrzehntelang als Pflegeheim genutzt wurde, hat noch nicht stattgefunden.
Die **Kirche**, ein Bau aus der Mitte des 13. Jahrhunderts, befindet sich dem Schloß gegenüber. Sie wurde, wie die Orangerie und das Teehaus, in die Gestaltung des **Schloßparks**, der sich bis an den See erstreckt, mit einbe-

Schloß Ivenack

zogen. Auch das Pfarrhaus, einen gut erhaltenen Fachwerkbau, sollte man nicht übersehen.

Außerdem gibt es dort noch den **Marstall**, einen interessanten halbrunden Bau mit vielen auf den Innenhof führenden Türen, die jede zu einer Box gehören. Früher war jede Box mit einem Pferd belegt, denn Ivenacker Vollblut war edel und wertvoll. Das berühmteste Pferd aus Ivenack war »Herodot«: Auf Befehl Napoleons mußten französische Kavalleristen dieses Pferd, das nicht nur das Lieblingspferd des Grafen, sondern auch Blüchers war, nach Frankreich entführen. Den Ivenackern half es auch nichts, ihn in der großen Eiche zu verstecken, denn »Herodot« verriet sich selbst durch sein Wiehern. In Frankreich wurde er das Reitpferd der Kaiserin und bei Paraden auch des Kaisers.

Dem »Marschall Vorwärts«, der Napoleon endgültig 1815 bei Waterloo schlug, ist es zu verdanken, daß dieses Pferd aufgefunden und nach Ivenack zurückgebracht wurde.

Einen historischen Zeugen ganz anderer Art stellt der Gedenkstein nahe der Kirche und dem kunstvollen schmiedeeisernen Eingangstor dar. Er wurde am 30. September 1991 enthüllt, dem 100. Geburtstag des Grafen Albrecht von Plessen, der mit seiner Gattin und dem Kindermädchen in den ersten Maitagen des Jahres 1945 in auswegloser Lage den Freitod wählte.

Nur wenige Minuten braucht man von hier zu Reuters »Liebstem«, was er »auf Erden kannte«, dem **Tierpark** mit den Eichen und den Hirschen. Die tausendjährigen Eichen, die wahrscheinlich älteste und größte Baumgruppe ihrer Art in Mitteleuropa, stehen nicht weit vom Eingang. Wenn auch fünf der einst elf Bäume im Laufe eines Jahrhunderts haben weichen müssen, die verbliebenen sind nicht nur imposant genug, sie dürften nach den jüngsten Untersuchungsergebnissen auch noch lange allen Stürmen trotzen. Die größte ist auch von zehn Erwachsenen mit ausgestreckten Armen kaum zu umfassen, sie hat einen Umfang von 10,90 Metern, eine Wipfelhöhe von über 35, einen Kronendurchmesser von 29 Metern und ein Holzvolumen von 180 Festmetern. Aber auch die Buchen, die 300 bis 500 Jahre alt sein sollen, verdienen Respekt. Über Ivenack und die Eichen gibt es folgende Sage:

»Vor langen Zeiten lebten unter den vielen Nonnen im Ivenacker Kloster auch sieben, die sehr unglücklich waren. Sie wollten unter allen Umständen aus dem Kloster hinaus, wozu sie sich sogar mit dem Teufel einließen. In der Mitternachtsstunde wollte er sie unter einer Bedingung befreien: Sie dürften sich nicht umsehen. Das taten sie aber doch auf ihrem Fluchtwege. Die Strafe folgte auf dem Fuße, denn sie wurden in Eichen verwandelt.«

Gerade durch den Tierpark, am Schützenhaus vorbei, gelangt man durch die Ivenacker Straße auf den Marktplatz in **Stavenhagen**. Auf dem großen Rechteck sind das Rathaus, das seit 1960 Museum ist, das Reuter-Denkmal sowie eine neue und nicht recht ins Bild passende Häuserzeile als Ersatz für 1945 abgebrannte Geschäftshäuser zu finden. Über die rechte Marktseite hinweg sieht man den Kirchturm.

Relief zu Reuters Hauptwerk

In Stavenhagen wird alles beherrscht von Fritz Reuter. Mehrfach ist sein Name zu lesen, den viele – berechtigt oder nicht – für sich in Anspruch nehmen: Reuter-Museum, Reuter-Apotheke, Reuterlichtspiele. In anderen Stadtteilen gibt es noch Reuterstraße, Reuterschule, Reutergräber… Der Besucher findet an verschiedenen Häusern Hinweistafeln zu Reuters Werk, zwei schon hier am Markt. Um sie zu verstehen, muß man sich allerdings etwas in des Dichters Werken auskennen, z.B. in »Meine Vaterstadt Stavenhagen«: »Hier wir dei Rektorschaul« steht auf der ersten. Auf der anderen steht: »Hier wohnt Onkel Herse« – der war Apotheker, in erster Linie aber einer der vier Paten des kleinen Fritz. Das imposante und gelungene **Denkmal** schuf der Plauer Bildhauer Wilhelm Wandschneider, und zu Reuters einhundertstem Geburtstag, mit eineinhalb Jahren Verspätung, wurde es am 12. Juli 1912 enthüllt. Zugleich schuf er auch die Lehne der Monumentalbank mit acht Reliefs zu Reuters wichtigsten Werken.
Bei so vielen Werken, Szenen und Personen soll Fritz Reuter weiter durch die Stadt führen. Er schickt die Besucher jetzt noch nicht in sein Geburtshaus, in das Museum, er weist zum **Schloß**: »Ein paar Schritte rechts um die Ecke des Rathauses führen uns plötzlich in die Romantik des Städtchens. Ein mit Kastanien bepflanzter Weg zieht sich den Hügel hinan, auf welchem das jetzige Amtsgebäude, ein früheres herzogliches Jagdschloß, von einem schönen Garten rings umgeben, liegt. Deutlich sind die Spuren von Wall und Graben, von alten Befestigungen noch in dem Wechsel von Hügel und Wiesen im Garten zu erkennen und bezeugen, daß hier einmal eine alte Ritterburg gestanden und den Kern zur späteren Bildung der Stadt abgegeben habe.«
Das kann der Besucher heute noch nachprüfen, er befindet sich hier auch auf neuerem historischen Boden, einem der wichtigsten Schauplätze der »Franzosentid«. Äußerlich hat sich wenig geändert, die Nutzung des Schlosses wechselte jedoch häufiger. Es war Amtsgebäude, Schule, Internat und Verwaltungssitz.

Das Stadtzentrum hat in den letzten Jahren einen modernen Boulevard erhalten, die Stadt aber vor ihren Toren mit der »Reuter-Eiche« das größte Einkaufszentrum der Region. Den Abschluß der Reutertour bildet ein Besuch des **Fritz-Reuter-Literaturmuseums** im ehemaligen Rathaus, dem Geburtshaus des Dichters. Diese Gedenkstätte ist so reich ausgestattet, daß sich der Besucher unbedingt einer Führung anschließen sollte. Reicht die Zeit dazu nicht, sollte man auf alle Fälle Reuters Geburtszimmer mit der Originalausstattung besichtigen und das wohl aussagekräftigste Reutergemälde, »Ick vertell juch wat«, von Johann Bahr, das den Dichter im Kreise seiner Neubrandenburger Freunde zeigt.

Auf der Heimfahrt

Die meisten Besucher verlassen die Mecklenburgische Schweiz aus Teterow in Richtung Krakow, um dort die A3 Rostock–Berlin zu erreichen. Man sollte den kleinen Abstecher nach **Kuchelmiß** machen und sich nicht daran stoßen, ob das Dorf und das Nebeltal zur »Schweiz« gehören oder nicht. Aber auch die Befürworter einer strikten Trennung, zumeist Ältere – müsse noch lächeln, wenn sie das Wort »Kuchelmiß« hören. Daran ist offensichtlich Rudolf Tarnow schuld. In seinem weitbekannten und vielzitierten Riemel »Dat Prahlen«, in dem zwei Jungen sich streiten, wessen Familie das größere Schwein hausgeschlachtet hätte, prahlt der eine:

»Uns' is väl grötter und väl glatter, –
uns' is noch grötter as Dien Vadder!«

Der andere aber läßt sich nicht beeindrucken:

»So'n grot Swien as min Vadder is,
giw't gornich in ganz Kuchelmiß!«

Plattdeutscher Humor, mecklenburgische Art zu lachen, im Nebeltal wie in der »Schweiz, in Burg Schlitz wie in Kuchelmiß! Mögen sich beide Gruppen in ihrer Einstellung zum Tal und zum Höhenrücken so einigen: Die Schweiz findet im Tal eine wunderbare Fortsetzung nach Westen hin.

Die Wassermühle Kuchelmiß

Zuerst sollte man noch die Wassermühle Kuchelmiß aufsuchen und dann – wenn die Zeit noch reicht – einen kleinen Trip in das Nebeltal machen.
Der Mühlenstandort ist sehr alt, er war schon am Ende des 13. Jahrhunderts bekannt. Die heutige Mühle wurde 1751 erbaut. Seit sie in den 70er Jahren unter Denkmalschutz gestellt wurde, wird vieles zu ihrem Erhalt und zu ihrer Verschönerung getan. Aber erst 1994 konnte das Museum eröffnet werden, das nicht nur über die Mühlengeschichte, sondern auch über bäuerliches Handwerk und Glasherstellung berichtet. Diese Mühle, in Büchern und Kalendern abgebildet und täglich viele Male fotografiert, ist eine ganz besondere Idylle.
Aber man sollte sich auch die Zeit nehmen und um die Fischteiche herum (an einem können Besucher gegen eine Gebühr auch ihren Karpfen selbst fangen) zu den Schwallstrecken der Nebel wandern. Hätten Sie gedacht, daß es mitten im »flachen« Mecklenburg-Vorpommern einen richtigen Wildwasserfluß gibt? Hoch über den Geröllstrecken kann der Wanderer die scheinbar unberührte Natur beobachten. Das seit 1989 geschützte Gebiet ist Heimstatt für viele seltene Fisch- und Vogelarten und daher für den Wassersport gesperrt.

Kieken un Köpen

Wer als Erinnerung an den Besuch in dieser Region Landestypisches mit nach Hause nehmen möchte, hat mehrere Möglichkeiten:

- in den Buchhandlungen des Gebietes gibt es weiterführende Literatur,
- das Reuter-Museum bietet vielfältige Andenken zu Reuters Person, seinen Werken und Gestalten,
- individuelle, mecklenburgtypische Handwerkserzeugnisse, die ein Stück Tradition verkörpern und vor Ort in Einzelstücken gefertigt werden, bietet an: **Kieken un Köpen** in Teterow, Malchiner Str. 69-71, (Tel. 03996-187667), Öffnungszeiten: Mo–Fr 10.00–18.00, Sa 9.00–12.00
  Wie dort in eigener Werkstatt gewebt und getöpfert wird, können Besucher beobachten und, wenn sie sich trauen, selbst ausprobieren. An der B 108 nach Waren gibt es eine zweite Werkstatt dieser Art:
  Frauenwerkstatt e.V. **»Ziddorfer Mühle«**, 17166 Ziddorf, Tel. 039933-70221

Wenn Sie weiterlesen möchten ...

(die Nr. hinter den Zitaten verweisen auf die Titel in dieser Liste)

1. Adamiak, *Schlösser und Gärten in Mecklenburg*, Leipzig 1975
2. *Die Bau- und Kunstdenkmale der DDR – Bezirk Neubrandenburg*, Berlin 1982
3. Böttcher/Böttcher, *Stadtbilder aus Malchin*, Leipzig 1994
4. Boll, *Geschichte Mecklenburgs – mit besonderer Berücksichtigung der Culturgeschichte* – Reprint, Neubrandenburg 1995
5. Burkhardt, *Mitten in Mecklenburg*, Leipzig 1983
6. Dehio, *Handbuch der Deutschen Kunstdenkmale – Mecklenburg*, Die Bezirke Neubrandenburg-Rostock-Schwerin, München 1990
7. Dust/Unfug: *Stadtbilder aus Teterow*, Leipzig 1993
8. Dust/Kunz, *Teterow in alten Ansichten*, Reutlingen 1995
9. Dust/Kunz, *Reuter auf entstaubten Bildpostkarten*, Reutlingen 1996
10. *Festschrift zur 725-Jahr-Feier der Stadt Malchin*, Malchin 1961
11. Hubrich-Messow, *Sagen aus Mecklenburg*, Husum 1995
12. Lisch, *Mecklenburg in Bildern* (Neuausgabe), Bremen 1994
13. Müller/Große, *Die Mecklenburgische Schweiz unter anderem*, Leipzig 1990
14. Neuschäffer, *Mecklenburgs Schlösser und Herrenhäuser*, Husum 1993
15. Prignitz/Gätjen, *Mecklenburgische Schweiz*, Rostock 1992
16. Der Schatz von Meesiger, Greifswald 1994
17. Schlie, *Die Kunst- und Geschichtsdenkmäler des Großherzogtums Mecklenburg-Schwerin* (Reprint), Schwerin
18. Schroeder, *Mein Mecklenburger Land*, Schwerin 1957
20. Schwerin, *Zettemin – Erinnerungen eines mecklenburgischen Gutsherrn*, München 1995
21. Sobotka/Strauss, *Burgen, Schlösser, Gutshäuser in Mecklenburg-Vorpommern*, Stuttgart 1993
22. Stoll, *Noch lebt der Hecht*, Rostock 1962
23. Vitense, *Geschichte von Mecklenburg* (Reprint der Ausgabe von 1920), Würzburg 1985

Adressen und Infos von A – Z

Bei der Urlaubsplanung beraten:

- Tourismusverband »Mecklenburgische Schweiz« e.V., PF 1123, 17139 Malchin, Am Bahnhof, 17139 Malchin Tel. 03994-224755 und 224757, Fax 224756 Internet: http://www.twfg.de/tvms

sowie die Informationsstellen:

- Stadtinformation Dargun, Kloster und Schloßanlage, 17159 Dargun, Tel. 039959-22381, Fax 202288
- Stadtinformation Malchin, Am Markt 1 / St. Johanniskirche, 17139 Malchin, Tel. 03994-640111, Fax 640123 Internet: http://www.malchin.de EMail: Stadt.Malchin@t-online.de
- Informationsbüro Stavenhagen, im Fritz-Reuter-Literaturmuseum, Markt 1, 17153 Stavenhagen, Tel. 039954-22077, Fax 22055
- Touristinformation Teterow, Mühlenstr. 1, 17166 Teterow, Tel. 03996-172028, Fax 187795 Internet: http://www.teterow.de

Angeln

- Dahmen, Fischer Heier, Dorfstr. 31, 17166 Dahmen, Tel. 039933-559
- Dargun, Stadtinformation Dargun, Kloster und Schloßanlage, 17159 Dargun, Tel. 039959-22381
- Dargun, Gaststätte »Stadt Dargun«, Schloßstr. 17, 17159 Dargun, Tel. 039959-20296
- Malchin, Marie Lewe, Mühlenstr. 8, 17139 Malchin, Tel. 03994-222782
- Neukalen, Horst Sawitzki, Lutherstr. 2, 17154 Neukalen, Tel. 039956-20557
- Salem, Fischereigenossenschaft, 17139 Salem, Tel. 03994-631526
- Teterow, Fischer Monegel, Am Seebahnhof 2, 17166 Teterow, Tel. 03996-172003
- Teterow, Fremdenverkehrsverein, Mühlenstr. 1, 17166 Teterow, Tel. 03996-172028, Fax 03996-187795
- Verchen, Wassersport-Freizeitzentrum, Ingo Müller, Am Strand, 17111 Verchen, Tel. 039994-10413

Bootsverleih

- Malchin, Uwe König – Segelsport und Ausleihmöglichkeiten, Drosselweg 2, 17139 Malchin, Tel. 03994-631553
- Stavenhagen, Wassersportzentrum, Klaus Hänßgen, PSF 1111, 17149 Stavenhagen, Tel. 039954-31436
- Teterow, Segeln, Herr Badendieck, Schillerstr. 1, 17166 Teterow, Tel. 03996-187202
- Teterow, Bootsverleih auf der Burgwallinsel, Burgwallinsel, 17166 Teterow, Tel. 03996-172314
- Verchen, Wassersport-Freizeitzentrum, Ingo Müller, Am Strand, 17111 Verchen, Tel. 039994-10413

Buchhandlungen

- Dargun, Bücher-Ecke Hannelore Sahm, Schloßstr. 29, 17159 Dargun, Tel. 039959-20267
- Malchin, Buchhandlung Steffen GmbH, Schweriner Str. 9, 17139 Malchin, Tel./Fax 03994-211090
- Malchin, Bücherinsel Brigitte Moll, Schulstr. 2, 17139 Malchin, Tel. 03994-223012
- Stavenhagen, Buchhandlung Regina Fischer, Neue Str. 16, 17153 Stavenhagen, Tel. 039954-31655

- Teterow, Buchhandlung Steffen GmbH, Malchiner Str. 15, 17166 Teterow, Tel./Fax 03996-172598

Campingplätze

- Dahmen, Campingplatz Dahmen, Südufer des Malchiner Sees, 17166 Dahmen, Tel. 039933-379
- Gravelotte, Campingplatz am Kummerower See, 17111 Meesiger, Tel. 039994-10732/ 10721
- Sommersdorf, Campingplatz am Kummerower See, 17111 Sommersdorf, Tel. Autotel. 0171-5403085, 040-8003645, 040-2277539

Fahrgastschiffahrt

- Demmin, MS »Peene« auf Peene und Kummerower See, Anlegestelle Hanseufer Demmin, Tel. 03998-201092, Fax 224756
- Neukalen, Bootsfahrten auf dem Kummerower See, Peter Schmidt, Am Hafen, 17154 Neukalen, Tel. 039956-20439/20433

Fahrradverleih (auch Verkauf und Reparatur)

- Malchin, Fahrräder u. Motorräder, Reinhard Hassemer, Stavenhagener Str. 19, 17139 Malchin, Tel. 03994-223004
- Stavenhagen, Zweiradfachgeschäft, C.-D. Grzymbowski, Schultetusstr. 14, 17153 Stavenhagen, Tel. 039954-30716
- Teterow, R. Steinhagen, Malchiner Str. 24, 17166 Teterow, Tel. 03996-174781
- Teterow, Hans Wendt, Rostocker Str. 94, 17166 Teterow, Tel. 03996-172788

Feste

- Malchin, Altstadtfest, Juni, Info: 03994-6400
- Tellow, Parkfest, Juni, Info: 039976-325
- Teterow, Hechtfest, Woche vor Pfingsten, Info: 03996-172028
- Teterow, Internationales Bergringrennen, jährlich Pfingsten, Info: 03996-172935
- Einen ausführlichen Veranstaltungskalender erhalten Sie unter Tel. 03944-224755 bzw. Fax 224756

Freibäder

in Dahmen, Dargun, Gravelotte, Kummerow, Malchin, Schorssow, Seedorf, Sommersdorf, Stavenhagen, Teterow, Verchen

Hotels/Pensionen

- Bergfeld, Seminar- und Ferienhaus am Schillersee, 18279 Bergfeld, Tel./Fax 038452-21055
- Dahmen, Pension »Haus Luise« Dorfstr. 30, 17166 Dahmen, Tel.+Fax 039933-70566
- Dargun, Hotel am Klostersee, Am Klosterdamm, 17159 Dargun, Tel. 039959-2520, Fax 25228
- Dargun, Hotel »Deutsches Haus«, Schloßstr. 50, 17159 Dargun, Tel. 039959-20895
- Jürgenstorf, Pension & Café »Sötschnut«, Warener Str. 48, 17153 Jürgenstorf, Tel.+Fax 039955-20239
- Jürgenstorf, Gitte's Sportklause, Hofweg 10, 17153 Jürgenstorf, Tel. 039955-20915, 20922, Fax 20928
- Jürgenstorf, Hotel und Restaurant »Unkel Bräsig«, Warener Str. 1a, 17153 Jürgenstorf, Tel. 039955-380, Fax 38222
- Kittendorf, »Schloßhotel«, 17153 Kittendorf, Tel. 039955-500, Fax 50140
- Kummerow, »Seehotel am Kummerower Hafen«, Dorfstr. 119, 17139 Kummerow, Tel. 039952-2261, Fax 2267
- Levitzow, Landhaus Levitzow, An der Landstraße 13, 17168 Levitzow, Tel. 039975-70257

- Malchin, Hotel »Jägerhof«, Jägerhof 1, 17139 Malchin, Tel. 03994-20530, Fax 210168
- Malchin, Hotel Restaurant »Marcus«, Am Markt 13, 17139 Malchin, Tel. 03994-632685
- Malchin, Hotel/Pension »Am Wasserturm«, Basedower Str. 66, 17139 Malchin, Tel. 03994-210511, Fax 210512
- Malchin, Pension »Gau«, Basedower Str. 9-11, 17139 Malchin, Tel. 03994-633734, Fax 223745
- Neukalen, Gasthaus »Am Wall«, Wallstr. 71, 17154 Neukalen, Tel. 039956-20619
- Schorssow, Landhotel Schorssow, 17166 Schorssow, Tel. 039933-70645, 70646, Fax 70327
- Schorssow, Hotel Schloß Schorssow, An der Landstraße, 17166 Schorssow, Tel. 039933-790, Fax 79100
- Stavenhagen, Hotel »Reuterhof«, Werdohler Str. 7, 17153 Stavenhagen, Tel. 039954-320, Fax 32351
- Stavenhagen, »Pension Garni«, Goethestr. 1a, 17153 Stavenhagen, Tel. 039954-21594, Fax 30797
- Stavenhagen, Hotel »Kutzbach«, Malchiner Str. 2, 17153 Stavenhagen, Tel. 039954-21096, Fax 30838
- Stavenhagen, Hotel-Restaurant »Lindenschlößchen«, Malchiner Str. 80, 17153 Stavenhagen, Tel. 039954-22355/-30666, Fax 30672
- Teterow, Hotel Blücher, Warener Str. 50, 17166 Teterow, Tel. 03996-172196, Fax 120295
- Teterow, Hotel »Wendenkrug«, Burgwallinsel, 17166 Teterow, Tel. 03996-12840, Fax 128411
- Teterow, Pension »Uns Hüsung«, In den Heidbergen, 17166 Teterow, Tel. 03996-197819
- Teterow, Pension »Zur Klause«, Gr. Knickhäger St. 10, 17166 Teterow, Tel. 03996-173590, Fax 173592
- Todendorf, Gasthof »Zur Erbmühle«, Dorfstraße 29, 17168 Todendorf, Tel. 039975-70477, Fax 70246
- Warsow, Hotel »Moll«, Haus Nr. 44, 17154 Warsow, Tel. 039956-20827, Fax 20154

Jugendherbergen

- Dahmen, Dorfstr. 53, 17166 Dahmen, Tel. 039933-552,
- Teterow, Am Seebahnhof 7, 17166 Teterow, Tel. 03996-172668

Kunst

- Grammentin, Das Gehöft, (Seminar: Techniken der Radierung), Günter Horn, Dorfstr. 151, 17153 Grammentin, Tel. 039952-2510
- Teterow, Kleine Galerie Teterow, Malchiner Str. 39, 17166 Teterow, Tel. 03996-172657
- Wendischhagen, Atelierhaus »An der Hufe«, (Zeichnen, Aquarellieren, Druckgrafik, Plastisches Gestalten), Sabine Naumann/Günter Kaden, An der Hufe 6, 17139 Wendischhagen, Tel. 03994-633840

Museen

- Dargun, »Uns lütt Museum«, Kloster-Schloß-Anlage, 17159 Dargun, Tel. 039959-22381
- Stavenhagen, Fritz-Reuter-Literaturmuseum, Markt 1, 17153 Stavenhagen, Tel. 039954-21072
- Tellow, Thünen-Museum, 17168 Tellow, Tel. 039976-5410
- Teterow, Stadtmuseum, Südring 2, 17166 Teterow, Tel. 03996-172827

Naturpark

- »Mekclenburgische Schweiz und Kummerower See«, Verwlatung: 17139 Remplin, Schloßstr. 6

Reitsport / Kutschfahrten

- Barlin, Familienhotel »Alte Schule«, Dorfstr. 21, 17159 Barlin, Tel. 039959-22000, Fax 22001
- Großen Luckow, Reit- und Fahrtouristik (Übernachtung möglich), S. Ebert, Lindenstr. 22, 17166 Großen Luckow, Tel. 039933-70502
- Gülitz, Ferien- und Reiterhof Gülitz, 17139 Gülitz Nr. 5, Tel. 03994-631448, Fax 210768
- Remplin, »Taegerhof«–Hotel, Wendischhägener Str. 20, 17139 Remplin, Tel./Fax 03994-632803
- Schwinkendorf, Reit- und Fahrsportzentrum (Übernachtung möglich), Dorfstr. 65, 17139 Schwinkendorf, Tel. 039953-322

Wasserwanderrastplätze

Kummerower See: Kummerow, Gravelotte
Peene: Neukalen, Trittelwitz, Aalbude

Zeitung

Nordkurier, Lokalredaktion Mecklenburger Schweiz, Rostocker Str. 13, 17166 Teterow, Tel. 03996-172516, Fax 187058 und Schweriner Str. 3, 17139 Malchin, Tel. 03994-222247, Fax 632385

Zimmervermittlung

In der Mecklenburgischen Schweiz stehen zahlreiche Hotels, Pensionen, Ferienhäuser und Privatzimmer zur Verfügung. Bei der Vermittlung sind die oben angeführten Informationsstellen gerne behilflich.
Ein Gastgeberverzeichnis kann angefordert werden beim Tourismusverband »Mecklenburgische Schweiz« e.V., Am Bahnhof bzw. PF 123, 17139 Malchin, Tel. 03994-224755, 224757, Fax 224756

Alle Angaben entsprechen dem Stand von Anfang 1998. Für die Unterstützung bei der Erarbeitung dieses Kapitels danken wir dem Tourismusverband »Mecklenburgische Schweiz« e.V. in Malchin und der Touristinformation Teterow.

Index